BHAGAVAD GITA: A SUBLIME CANÇÃO

Krishna Dvaipayana Vyasa

Bhagavad Gita

A sublime canção

tradução e comentários
LUCIA BRANDÃO

ATTAR EDITORIAL
SÃO PAULO, 2024

Bhagavad Gita

Tradução, comentários e notas: *Lucia Brandão*
Edição: *Cássia Fragata*
Revisão: *Ana Elisa Camasmie*
Capa e diagramação: *Silvana de Barros Panzoldo*
Supervisão: *Sergio Rizek*

Ilustração da capa: *Arjuna e Krishna em uma carruagem (*circa *1800)*

DADOS INTERNACIONAIS DE CATALOGAÇÃO NA PUBLICAÇÃO (CIP)
(CÂMARA BRASILEIRA DO LIVRO, SP, BRASIL)

Vyasa, Krishna Dvaipayana
Bhagavad Gita : a sublime canção / Krishna Dvaipayana Vyasa ; tradução Lucia Brandão. -- 1. ed. -- São Paulo : Attar Editorial, 2024.

Título original: Bhagavad Gita.
ISBN 978-65-88776-02-5

1. Bhagavad Gita 2. Filosofia oriental 3. Hinduísmo - Livros sagrados I. Título.

19-31567 CDD-297.211

Índices para catálogo sistemático:
1. Bhagavad Gita : Livros sagrados : Hinduísmo 294.5924

Aline Graziele Benitez - Bibliotecária - CRB-1/3129

ATTAR EDITORIAL
rua Madre Mazzarello, 336 05454-040 - São Paulo - SP
fone: (11) 3021 2199 whatsapp: (11) 95040 3560
attar@attar.com.br www.attar.com.br

Sumário

Prefácio

Éramos um grupo de idealistas que queriam um mundo melhor. Num dia aprendemos que o mundo que almejávamos dependia de nossa atitude diária, de nossa contribuição. Depois, percebemos que algumas coisas ficariam melhores e outras continuariam em seu contexto de limitação. Finalmente, entendemos que o mundo melhor está, em primeiro lugar, em nosso interior, na forma como tratamos a nós mesmos e aos que nos cercam.

Esta obra nasceu da necessidade de elaborar uma tradução da *Bhagavad Gita* que fosse o mais fiel possível ao original e que preservasse sua característica natural, mostrando uma filosofia de vida repleta de saberes, expressa em forma de um canto, uma canção, uma poesia.

Hoje há várias edições em português da *Bhagavad Gita* nas livrarias e na internet, mas, poucas décadas atrás, estudar a *Gita* exigia buscar, entre as escassas versões, qual tradução seria a mais isenta das crenças pessoais de cada tradutor.

Por anos, com a contribuição pontual de um grupo de interessados, esta tradução foi elaborada. Realizou-se uma longa e incansável pesquisa, pela qual cotejamos cerca de 12 edições da *Bhagavad Gita*, em inglês e em francês, dentre as diversas versões existentes, sempre considerando a responsabilidade do tradutor em relação ao texto original, em sânscrito.

Posteriormente, acrescentamos informações que pudessem esclarecer conceitos importantes e possibilitassem o melhor entendimento dos personagens, da história, da magia e do contexto. Preparamos, ainda, um glossário minucioso para facilitar a leitura e a compreensão da *Gita*.

De maneira pedagógica, favorecendo o leitor, leigo ou entendido, essas observações vêm colaborar para um pleno aprofundamento do tema, sem prejuízo do caráter literário e mítico da obra.

Esta edição é um convite para ler calmamente a *Bhagavad Gita*, um estímulo a uma reflexão mais consciente e uma vivência dos *insights* que Krishna oferece a Arjuna – a dimensão essencial, que orienta e ilumina nosso caminho de vida.

Lucia Brandão

A Bhagavad Gita *vai se realizar no interior de cada um.*
Este é só o começo.

Introdução

Mahabhârata
A grande epopeia

Mahabhârata e *Ramayana* são dois textos épicos de importância ímpar na história da Índia. Ambos relatam fatos históricos em tempos de conquistas territoriais e reflexões sobre questões éticas, filosóficas, de autoconhecimento e de novas visões e percepções sobre o mundo. Muitos desses temas estão em diversos contos deliciosos contidos nessas obras, que são verdadeiros tratados sobre a sabedoria, expressos em forma poética e de beleza literária.

O *Ramayana* tem como história principal a vida do príncipe Rama – um exemplo de virtude e integridade humana –, seu exílio e sua ação de atravessar a Índia de norte a sul até a ilha do Sri Lanka, para salvar sua esposa, Sita, que havia sido raptada pelo rei local Ravana. Muitos acontecimentos e aprendizados se dão nessa epopeia, compilada pelo poeta Valmiki.

Quanto ao *Mahabhârata*, estima-se que tenha sido elaborado por Krishna Dvaipayana Vyasa, mais conhecido como Vyasa, o sábio compilador e organizador. Não se sabe ao certo as datas em que os acontecimentos se deram: entre 3000 a.C. e 1500 a.C. Eram tempos em que os saberes se passavam por via oral. O texto foi elaborado provavelmente a partir do século 4º a.C. e concluído no séc. 4º d.C., contendo 18 capítulos, num total de 200 mil versos que relatam a história dos 18 dias de uma guerra que aconteceu no campo de Kurukshetra, entre dois grupos de primos do clã dos Bhâratas, os príncipes Pandavas e Kuravas, que se enfrentaram pelo domínio da cidade de Hastinapura.

Os Pandavas eram cinco irmãos, filhos do rei Pandu com suas esposas, Kunti e Madri. Os Kuravas eram cem filhos do rei Dhritarashtra e sua esposa, Gandhari. Dhritarashtra, o primogênito, e Pandu eram irmãos, filhos do rei de Hastinapura. Dhritarashtra nasceu cego e, portanto, não pôde assumir o reino quando seu pai cedeu o lugar. Pandu, então, recebeu o reinado, tendo como sucessores seus filhos, os Pandavas.

Contudo, Pandu morreu jovem, e Dhritarashtra acabou assumindo o poder e criando junto com os seus os filhos de Pandu. Os primos cresceram com uma educação exemplar, o que incluía o domínio das artes militares. No tempo devido, Dhritarashtra passou o reino de Hastinapura ao Pandava mais velho, Yudhishthira, e aqui começou a disputa.

Duryodhana, o primogênito de Dhritarashtra, ficou descontente com a atitude do pai, porque acreditava que ele e seus irmãos deveriam assumir o reinado. Inveja, ciúme e ressentimento tomaram conta dos Kuravas, que reivindicaram o reino mesmo não tendo direito a ele. Os Pandavas, seres humanistas, justos, solícitos e conscientes do valor de suas virtudes, entenderam que tinham de cuidar do reino, que pertencia a eles por direito.

Os Kuravas criaram situações absurdas para obter o poder e, na última tentativa, conseguiram. Duryodhana desafiou Yudhishthira para uma partida de jogo de dados, desafio esse que o Pandava não poderia recusar. Porém, os dados estavam viciados, e Yudhishthira perdeu tudo: as riquezas, o reino, os irmãos e até Draupadi, a esposa em comum dos cinco Pandavas. Os irmãos, a mãe, Kunti, e Draupadi foram desterrados e passaram 13 anos distantes, na floresta, enquanto os Kuravas gozaram dos prazeres de ser "donos" do reino de Hastinapura, reforçando a índole má que já possuíam.

A experiência na floresta – local onde grandes mestres e sábios viviam ensinando aos que buscavam um entendimento mais amplo de si mesmos, o autoconhecimento – proporcionou aos Pandavas, até então treinados em especial nas artes militares, a consciência plena, a sabedoria e os atributos necessários para que se tornassem bons governantes, aptos a reconhecer as demandas de sua população na busca de uma vida digna.

No 14º ano desse exílio, os Pandavas voltaram a Hastinapura para recuperar o reino, mas os Kuravas não aceitaram. Armou-se uma guerra entre os dois grupos de primos, somando-se aliados de ambas as partes. O exército dos Pandavas tinha como chefe o deus Krishna, aqui encarnado como um ser humano em sua condição plena da excelência nas virtudes. Os Kuravas, por sua vez, tinham no comando o tio Bhishma, figura de grande destaque, que ensinara aos sobrinhos as artes militares.

No momento do início da guerra, fora da cidade, no campo de Kurukshetra, nascia o poema *Bhagavad Gita*, que mais tarde exporia a dúvida de Arjuna sobre o significado e a legitimidade da guerra. Ao fim, a guerra acontece, e os Pandavas, mais bem preparados física e moralmente, vencem os Kuravas, que por anos se entregaram às distrações e à ganância pelo poder. Os Pandavas recuperaram o reino de Hastinapura, Yudhishthira e a esposa, Draupadi, tornaram-se os reis e, junto com os irmãos, governaram com ética, sabedoria e respeito.

Em seu livro *O Bhagavad Gita*, Georg Feurstein disse, citando o pensador indiano Sri Aurobindo, que viveu entre 1872 e 1950: "O *Mahabhârata* não é somente a história dos Bhâratas, um acontecimento que se deu. Em imensa escala, é a epopeia da alma, da mentalidade religiosa e ética, dos ideais sociais e políticos, da cultura e da vida da Índia. É a expressão da mente de uma nação. É o poema que um povo inteiro escreveu sobre si mesmo".

Bhagavad Gita
A Sublime Canção

O poema *Bhagavad Gita* nasce no momento em que dois grupos da mesma família, Pandavas e Kuravas, se encontravam prontos para a guerra, em uma disputa pelo reino de Hastinapura. Provavelmente, os versos foram criados posteriormente aos acontecimentos, mas foram inseridos no *Mahabhârata* e tornaram-se uma preciosidade, tamanha a reflexão estimulada na *Gita*.

Tudo acontece nesse momento pré-guerra. É quando Arjuna, um dos Pandavas, pede para não iniciar o combate e expõe a Krishna sua dúvida sobre o sentido da guerra, em que haveria muita destruição por gerações. Krishna irá conversar com Arjuna e aclará-lo sobre as verdades e as mentiras de uma guerra. Por 18 capítulos haverá um diálogo riquíssimo entre ambos, de um conteúdo de muita sabedoria nas perguntas e nas respostas.

A *Bhagavad Gita* faz uma profunda reflexão sobre as guerras, suas origens, seu sentido, a desumanidade maquiada em humanidade, as muitas mentiras enaltecidas como verdade e as profundas verdades sendo abafadas para evitar o rastreio das farsas. O poema é cheio de simbolismos, e há que ler além das linhas, as entrelinhas, porque é nelas que as verdades irão despontar. Cada palavra poderá ter mais de um sentido, e o leitor precisará entender a artimanha que jaz em algumas delas. O texto elaborado há séculos continua absolutamente moderno e atual.

A *Gita* descreve toda uma sabedoria de vida, originária de profundo estudo e dedicada prática, para confirmar a veracidade dos conceitos expostos. Quatro vias serão destacadas entre caminhos de vida que propiciam realização genuína aos seres humanos: a via do Karma Yoga – a ação altruísta; do Jnana Yoga – a consciência que é fruto do conhecimento; do Raja Yoga – a mente e o coração lúcidos e concentrados no foco do autoconhecimento e realização; e do Bhakti Yoga – o caminho do amor e da reverência ao que há de mais sagrado e verdadeiro.

Em cada trilha escolhida, outro saber irá se revelar, as chamadas metas da vida, aquelas que o ser humano deve ter claras para orientá-lo e gerar felicidade: *artha* – o sucesso material e profissional; *kama* – o prazer saudável, de alma; *dharma* – a retidão e a excelência em tudo; e *moksha* – a liberação final das amarras do mundo, da ignorância, do contínuo ciclo de nascimentos e mortes. Muitos outros temas são apresentados na *Gita*, numa ampla visão do viver em convergência com toda a criação e com aquilo que transcende a ela.

Simbolismos no Mahabhârata *e na* Bhagavad Gita

Cidade de Hastinapura: do sânscrito *hastina* (elefante); *pura* (cidade) – a cidade dos elefantes. Na Ásia, o elefante é símbolo de sabedoria, portanto, a tradução também pode ser entendida como "a cidade da sabedoria". Esse pode ser um dos motivos do interesse em reinar nessa cidade, e apenas os Pandavas tinham preparo, experiência e autoconhecimento para cuidar dela e de seu povo. Hastinapura hoje é um sítio arqueológico próximo ao Rio Ganges, no Estado de Uttar Pradesh, localizado à distância de 216 km ao nordeste de Delhi, capital da Índia. Na época dos acontecimentos, Hastinapura era uma das cidades do reino de Indraprastha, cujo nome significa "a cidade de Indra".

A cegueira de Dhritarashtra: na prática, um rei não poderia governar sendo cego, e o simbolismo remete ao fato de Dhritarashtra não ter sabedoria, não enxergar além das aparências e não possuir discernimento. Por esse motivo, não tinha preparo para ser um bom governante.

Kurukshetra: do sânscrito *Kuru* (Kurus ou Kuravas ou ainda Kauravas); *kshetra* (campo) – o campo dos Kurus, local onde se deu a guerra. Considerada uma planície sagrada (*dharmakshetra*), é o campo da lei. Na época, as guerras aconteciam longe dos grandes centros, para que os moradores, os civis, não fossem feridos nem os centros, destruídos. Os exércitos se preparavam para estar em igualdade de condições materiais, para que a guerra fosse justa. O diferencial na batalha estava na índole e no senso de humanidade, presente ou ausente, dependendo do grupo. Na perspectiva simbólica, Kurukshetra representava o próprio corpo humano, em que ocorrem conflitos contínuos entre interesses, escolhas, deveres e liberdade pessoais. Kurukshetra é hoje uma pequena cidade no estado de Haryana, distante cerca de 155 km ao norte de Delhi.

Cinco Pandavas: numericamente, os irmãos Pandavas eram poucos, mas, moralmente, em caráter e ética, eram poderosos. Por anos eles estudaram, praticaram e conheceram profundamente a personalidade humana e a real natureza do Cosmo, do Universo. Compreenderam que os seres vivos são a representação microscópica do Universo, que é o macrocosmo. Ao entenderem-se o microcosmo e os seres que compõem esse mundo, entende-se o Universo inteiro. Essa percepção lúcida desfaz as ilusões e os sofrimentos dos seres, fruto da ignorância e do medo ao desconhecido. Portanto, simbolicamente, os Pandavas representam a qualidade, a excelência, a virtude, o bem, a humanidade em sua condição ideal de autorrealização e felicidade.

Cem Kuravas: numericamente, eram muitos, porém sem qualificações. Os Kuravas representam as emoções e as atitudes mais impulsivas, a rudeza, a ganância, a inveja, o egoísmo, exemplos de ações humanas que a longo prazo geram sofrimento, insatisfação e frustração. Eles simbolizam a ignorância dos seres, a falta de interesse em se aprimorar, aprender e refletir sobre a vida e o bem-viver.

Dúvida de Arjuna: Arjuna simboliza e representa a nós, humanos, em nossa condição de seres que estão no meio do caminho entre diversas escolhas. Por um lado, somos atraídos por tudo o que envolve os nossos seis sentidos, como dizem os hindus: visão, olfato, paladar, audição, tato e a mente. Somos induzidos, e queremos possuir o que chama atenção aos nossos olhos, os aromas que nos envolvem, os sabores mais elaborados, os sons e as músicas que nos agradam, o tocar superfícies agradáveis, e a mente registra todos esses anseios. Igualmente, nossa mente, ligada aos sentidos, rejeita tudo o que nos incomoda: visões de dor e sofrimento, cheiros desagradáveis, alimentos passados, sons irritantes, superfícies ásperas. Há ainda alguns itens que não geram nada em nossos sentidos, nos são indiferentes e muitas vezes não vemos, nem sentimos, não registramos com nenhum dos sentidos. Mas entre a atração e o repúdio surgem emoções dicotômicas que nos deixam em dúvida sobre tantas escolhas a fazer. Por outro lado, também somos atraídos por valores, aptidões, dons e um caminho ético, bens próprios da condição humana e que nos tornam melhores e mais plenos, realizados e felizes. Somados os valores éticos, somos também incentivados a ampliar nossa dimensão de vida humana para abranger uma dimensão espiritual, divina, de uma inteligência mais ampla do Universo. Viver apenas a parte material do mundo não nos completa. Necessitamos de algo mais, que muitas vezes está numa dimensão maior, que em princípio é desconhecida. Quando se diz que Arjuna está no meio do caminho, significa que ele está vivendo uma dúvida em qual dos dois caminhos escolher, entre o material – repleto de desejos e cobiças – e o essencial e inerente, que abrange ambas as opções.

A guerra: há uma guerra histórica de fato relatada no *Mahabhârata*. Uma luta pelo domínio do reino de Indraprastha (a cidade de Indra), onde está localizada a cidade de Hastinapura. Na *Bhagavad Gita*, porém, há uma outra análise, bem mais profunda, sobre o que há por trás das guerras, o que motiva as pessoas a iniciar um processo de destruição do outro, o que há de oculto nas decisões que vêm à tona para justificar um combate.

A guerra nasce dentro do ser humano, do desconforto e da incapacidade de viver de maneira civilizada e madura com os outros. Essa intenção se difunde em outras pessoas, cidades, estados, e representantes de um país justificam motivos para iniciar um conflito. É aqui que emerge a maravilha e a verdade da boa reflexão despertada na *Gita*. O discernimento é a marca do poema, que busca a verdade em meio às dissimulações e mentiras. Arjuna pede que se pare o início da guerra porque percebe que à sua frente estão seus parentes e alguns entes queridos. Ele não quer lutar nem contribuir para a tragédia gerada pela batalha. Ao lerem-se de modo simples e rápido os versos da *Gita*, a fala de Arjuna parece, em princípio, louvável. Ele demonstra compreender o drama da batalha, porém aqui é necessária uma leitura mais detalhada, para ver o que há por trás dessas afirmações. O que parece ser verdadeiro, na realidade, é falso e mentiroso, e é assim que acontece na vida cotidiana. Continuamente nos deparamos com nossas falas ou com as falas de outros que justificam as ações. E há muita mentira camuflada em verdade nas intenções das ações. Por isso, Krishna, símbolo do ser humano já em sua perfeição, será fundamental para desvendar as fantasias que não correspondem à verdade. Enfrentar a guerra significa encarar dentro de si os medos ocultos, a insegurança, a ignorância, as paixões cegas, as ambições desmedidas, as ilusões, os sofrimentos, as dores, tudo o que diminui e reduz alguém. A batalha interior enfrentada irá gerar o senso de liberdade, de autoconhecimento, e, portanto, um melhor reconhecimento do outro. Valores e virtudes que só os humanos têm e podem vivenciar deixarão de ser ridicularizados para se revelarem como os verdadeiros pilares que sustentam uma vida de realização e felicidade perene.

Krishna deus e ser humano na perfeição: Krishna é representado de duas maneiras, como um deus – um ser que vive uma condição bem mais sábia e plena que a dos humanos e outros reinos de vida – e também como símbolo do ser que chegou à sua perfeição, aquele que realizou a plenitude da real natureza humana. Ele é a consciência pura, a lucidez plena em tudo, o discernimento absoluto, que sabe enxergar bem mais além das aparências em todos os sentidos. É nessa condição que ele será o conselheiro de Arjuna, ensinando-o a distinguir a verdade em pensamento, em palavra e em ação. Krishna vai mostrar como as primeiras afirmações de Arjuna parecem ser verdadeiras, mas, na realidade, dissimulam seu medo de enfrentar seu conflito interior, escondem sua indecisão de entregar-se aos desejos e compulsões, à ganância e ao poder acima de tudo e de todos, ou seguir seu senso e fazer o que é verdadeiro e digno, cordial e bondoso, pacífico e amoroso, valores essenciais e próprios do ser humano em busca de aprimoramento.

Diálogo em lugar de imposição: a *Bhagavad Gita* é absolutamente moderna, atual e, em certo sentido, de vanguarda. O modo de nos fazer entrar numa compreensão mais lúcida é pelo diálogo, pela conversa pacífica e calma, a fim de aflorar o bom senso e a compreensão verdadeira. O diálogo propicia respeito e consideração de ambos os lados e também favorece o tempo necessário que cada um precisa para formular e entender o tema que se pretende ser esclarecido. Igualmente, o diálogo produz um bem-estar imenso em seu exercício, ao não impor a própria forma de pensar e sentir, mas buscar pelo entendimento maior e que seja mais gratificante e pleno, de verdade.

Todos os irmãos Pandavas são filhos de uma divindade, além dos pais humanos:

1. Yudhishthira, o mais velho, é filho do deus Yama (Dharma) e, no plano humano, é filho de Pandu e Kunti, sua primeira esposa. Yama (Dharma) é o deus da morte e do julgamento da qualidade das ações realizadas em vida. Yudhishthira tem como habilidade uma visão espiritual, a visão do discernimento e da intuição.
2. Bhima é filho do deus Vayu e, no plano humano, de Kunti e Pandu. Vayu é o deus do vento. Bhima tem como habilidade uma extraordinária força física.
3. Arjuna é filho do deus Indra e, no plano humano, de Kunti e Pandu. Indra é o deus do firmamento, do céu, dos raios, trovões, relâmpagos, chuvas e da guerra. Arjuna tem grande habilidade na arte de arqueiro.

4. e 5. Nakula e Sahadeva são gêmeos, filhos dos deuses Ashvins e, no plano humano, de Pandu e Madri, sua segunda esposa. Os gêmeos Ashvins são os deuses da medicina e da saúde. Nakula e Sahadeva são habilidosos na esgrima.

Conclusão

Tanto o *Mahabhârata*, a Grande Epopeia, como a *Bhagavad Gita*, a Sublime Canção, a pérola luminosa de profundas reflexões inserida na grande obra, foram elaborados para refletir o pensamento e os anseios de toda uma nação.

Há séculos os povos da Índia entenderam que a guerra, o ódio, a ganância, o egocentrismo começam dentro de cada um de nós e depois se espalham ao redor, como uma fruta podre que estraga as boas que estão junto dela. Contudo, é importante ampliar a visão e perceber que, mais além, a fruta podre vai se transformar em adubo para a próxima vida que irá nascer. Mesmo um coração cheio de ódio e ganância tem lá no seu interior um anseio por ser feliz e ter paz. Mostrar qual o caminho da real felicidade, quais as escolhas que levarão a uma realização profunda e perene é ao que a *Bhagavad Gita* se destina.

CAPÍTULO I

Arjuna Vishada Yoga
O desespero de Arjuna

Toda a *Gita* é contada ao rei cego Dhritarashtra por Sanjaya, que recebeu o dom da vidência e pode ver, a grande distância, todos os acontecimentos no campo de batalha e, ao mesmo tempo, ler os pensamentos de todos os que ali estão.

Dhritarashtra pergunta:

1 Ó Sanjaya, o que fizeram meu povo e também os filhos de Pandu, quando desejosos de lutar se reuniram na planície sagrada de Kurukshetra?

Rei de Hastinapura na época da guerra em Kurukshetra, **Dhritarashtra** é cego de nascença, irmão mais velho de Pandu e pai dos cem Kurus ou Kuravas. Seu cocheiro, **Sanjaya** – que recebeu de Vyasa, grande sábio e autor da *Bhagavad Gita*, o poder da visão e da audição a distância –, lhe relatava os acontecimentos da guerra. Sanjaya representa aquele que vence apegos e repulsas e, portanto, tem condições de fazer um relato imparcial.

Pandu, o "pálido", é o irmão mais novo de Dhritarashtra e pai dos cinco Pandavas: Yudhishthira, Bhima, Arjuna, Nakula e Sahadeva.

Kurukshetra, atual estado de Haryana, localizado na região metropolitana de Delhi, no norte da Índia, era a terra dos Kurus ou Kuravas (clã que liderava na época) e local onde ocorreu a batalha. Considerada uma planície sagrada (*dharmakshetra*), era o campo da lei. O campo é interpretado como o corpo humano, com suas faculdades físicas, mentais e anímicas. É nele que ocorre o conflito de valores para que se decida o que é o correto e o justo na vida humana e no mundo.

Sanjaya disse:

2 Vendo o exército dos Pandavas posicionado para a batalha, o rei Duryodhana aproximou-se de seu mestre (Drona) e disse estas palavras:

Os cinco filhos de Pandu, os **Pandavas**, são primos dos Kurus. Na condição humana, eles representam as virtudes, e os Kuravas, as imperfeições.

Líder dos Kuravas, filho mais velho de Dhritarashtra, **Duryodhana** personifica a inveja e a injustiça.

Mestre nas artes da guerra, **Drona** ensinava seu ofício aos Pandavas e aos Kuravas.

3 Observa, ó mestre, este poderoso exército dos filhos de Pandu, preparado por teu talentoso discípulo, o filho de Drupada.

Drupada (Yajnasena), rei de Panchala do Sul, cuja capital era Kampilya, é pai de Draupadi, esposa dos cinco irmãos Pandavas. O filho de Drupada é **Dhrishtadyumna**, que aprendeu a arte de guerrear com o mestre Drona, inimigo de seu pai.

Duryodhana demonstra preocupação ao ver os valentes guerreiros do exército dos Pandavas posicionados para a batalha. Sua autoconfiança se esvai, e ele busca refúgio com seu mestre, Drona. A ansiedade de Duryodhana é natural, dada a falta de pureza de sua motivação para a guerra, pois a sua causa é injusta. Duryodhana faz alusão à falta de sabedoria de Drona, que tudo ensinou a um discípulo que agora luta do lado inimigo. Porém, Drona preparou Dhrishtadyumna, mesmo sabendo que ele era filho de seu adversário, porque, sendo um nobre mestre, tinha como dever e compromisso ensinar a todos.

4 Aqui estão heróis, arqueiros poderosos, comparáveis em batalha a Bhima e Arjuna: Yuyudhana, Virata e Drupada, o grande guerreiro;

O segundo dos irmãos Pandavas, **Bhima**, foi gerado por Kunti (Pritha), tendo por ascendência divina Vayu, o deus do vento. Chamado de "terrível", por sua força extraordinária, é o comandante em chefe do exército dos Pandavas.

Arjuna, filho de Kunti, o terceiro dos irmãos Pandavas, tem por ascendência divina Indra, o deus do firmamento. No mundo manifestado, tem Pandu como pai, esposo de Kunti. Chamado de "branco" e exímio arqueiro, ele representa o ser humano em seu processo evolutivo, o buscador espiritual que recebe instruções divinas que beneficiam toda a humanidade.

Yuyudhana (Satyaki) é o cocheiro de Krishna – o deus símbolo do ser humano perfeito, que com sua profunda consciência vai orientar Arjuna a discernir os motivos da guerra. Já **Virata** era rei de Matsya, região onde os Pandavas viveram o 13° ano de seu exílio. Ele foi pai de Uttarâ, que se casou com Abhimanyu, filho de Arjuna.

5 O poderoso Dhrishtaketu, Chekitana e o valente rei de Kashi; Purujit, Kuntibhoja e Shaibya, o melhor dos homens;

No exército dos Pandavas estão ainda o rei de Chedi, **Dhrishtaketu**, o "destemido", e seu filho **Chekitana**, além do bravo rei de **Kashi** (antigo nome da cidade santa de Benares ou Varanasi). Também os irmãos **Purujit** e **Kuntibhoja** e **Shaibya**, o rei da tribo Shibi. Todos corajosos combatentes.

6 O forte Yudhamanyu e o bravo Uttamaujas, o filho de Subhadra (Abhimanyu), e os filhos de Draupadi, todos eles grandes guerreiros.

Abhimanyu é filho de **Subhadra**, a irmã mais jovem de Krishna, esposa de Arjuna, que praticou atos de heroísmo sobre-humanos e acabou morrendo na batalha. **Draupadi**, filha do rei Drupada e esposa comum dos cinco Pandavas, teve um filho de cada esposo, são os chamados Draupadeyas.

Yudhamanyu, o ardente na peleja, e **Uttamaujas**, o que tem extrema força.

Estes versos enumeram 17 valorosos guerreiros, notáveis personalidades que lutam ao lado dos Pandavas; são os chamados *maharathas*, comandantes que conduzem respectivamente um batalhão constituído de 11 mil arqueiros.

7 Saiba também, ó melhor entre os duas vezes nascidos, os nomes daqueles que entre nós se destacam, os líderes do meu exército; eu os nomeio para tua informação.

O "**duas vezes nascido**" (*dvija*) é aquele que nasce no mundo da natureza e, depois, tendo se aprimorado por meio de estudo e contemplação, é iniciado e recebe um cordão simbólico que denota seu segundo nascimento, agora no mundo do espírito. Naquela época, o termo referia-se aos brâmanes. Neste verso, Drona é assim chamado por Duryodhana.

8 Tu mesmo (Drona), Bhishma, Karna e também Kripa, o sempre vitorioso nas batalhas; Ashwatthama, Vikarna e também o filho de Somadatta.

Tio-avô e patriarca do clã dos Kuravas e dos Pandavas, **Bhishma** é homem de grande valor, coragem e inteligência, o patrono do exército dos Kuravas. Bhima tem posição equivalente no exército Pandava. São citados ainda **Karna**, meio-irmão de Arjuna, filho de Surya (o Sol) e Pritha (Kunti); o cunhado e o filho de Drona, **Kripa** e **Ashwatthama**; **Vikarna**, o terceiro dos cem filhos de Dhritarashtra; e **Somadatti**, filho de Somadatta, rei de Bahikas (Punjab).

9 E há numerosos guerreiros bem treinados para a batalha, armados com vários tipos de armas, que estão aqui dispostos a morrer para a minha salvação.

Duryodhana, em sua vaidade, imagina que todos esses heróis estariam dispostos a dar sua vida por ele. Sabe-se, no entanto, que o depositário da lealdade desses guerreiros é Bhishma. Segundo Gandhi, o mal – aqui representado por Duryodhana – não pode florescer sozinho no mundo. Ele só emerge ao aliar-se a algum bem. Assim, também Duryodhana precisa de homens como Bhishma e Drona para mostrar que do seu lado há justiça.

10 Este nosso exército defendido por Bhishma é ilimitado [mas insuficiente], enquanto o deles, defendido por Bhima, é limitado [mas suficiente].

O termo "**ilimitado**" vem do sânscrito *aparyaptam*, que tem dois significados: "ilimitado" e "insuficiente", e o termo em sânscrito *paryaptam* significa "**limitado**" ou "suficiente". Segundo Swami Chinmayananda, ambos ilustram facetas diferentes da condição mental de Duryodhana. Seu exército, protegido pelo poderoso Bhishma, seria ilimitado em número, mas também insuficiente, conforme receia Duryodhana, pois, em contrapartida, as forças dos Pandavas, apesar de limitadas por serem protegidas "apenas" por Bhima, guerreiro comparativamente inferior, seriam ainda assim suficientes, por lutarem por uma causa justa.

11 Portanto, todos vós, posicionados em vossos respectivos postos, em todas as frentes, protegei Bhishma.

No fundo, Duryodhana tem consciência de que sua causa é fraca, não inspirando, portanto, os que lutam com ele, ainda que o respeitado Bhishma seja seu defensor.

Duryodhana provavelmente o considerava um importante elemento agregador de forças, sem o qual os seus comandantes talvez desertassem. A ordem de proteger Bhishma pode ser vista como uma forma de Duryodhana procurar conferir unidade, disciplina e estrutura firme ao seu exército, que corria o risco de desagregar-se.

12 O mais velho dos Kurus, o poderoso patriarca (Bhishma), com a intenção de animar Duryodhana, rugiu alto como um leão e soprou sua concha.

Kurus ou Kuravas são os cem filhos de Dhritarashtra e primos dos Pandavas. Representam as imperfeições humanas, enquanto os Pandavas representam as virtudes.

Notando a confusão e a hesitação de Duryodhana, Bhishma toma a iniciativa de insuflar confiança nos comandantes pelo "rugido de leão". Soprar a concha é sinal do início da guerra e demonstra que os Kuravas são a parte agressora. Na guerra, o som da concha – usada como instrumento musical – é como uma arma, e, nos rituais religiosos, seu som evoca os deuses.

13 Então, repentinamente, conchas e tímpanos, tamborins, tambores e chifres ressoaram, e o barulho foi tremendo.

14 Também Madhava (Krishna) e Pandava (Arjuna), em seu grande carro de guerra, puxado por cavalos brancos, sopraram suas conchas divinas.

Madhava, epíteto de Vishnu ou Krishna, é também chamado de "marido da deusa da fortuna", referência à deusa Lakshmi, e **Pandava**, um dos cinco filhos de Pandu, é Arjuna.

Na literatura hindu e budista, a carruagem simboliza o veículo psicofísico do ser humano. Os cavalos representam os sentidos; as rédeas retratam a mente; o cocheiro é *buddhi*, o discernimento e a intuição; o dono da carruagem é Atman, o verdadeiro Eu; o espírito em nós, Krishna. (*Katha Upanishad 3:3, 4* e *Milindapanha 26-28*)

Os **cavalos brancos** representam força, obediência e pureza.

15 Hrishikesha (Krishna) soprou sua Panchajanya, Dhananjaya (Arjuna), a sua Devadatta, e Vrikodara (Bhima), o de façanhas terríveis, a sua grande concha, Paundra.

Hrishikesha, o "senhor dos sentidos", é um dos epítetos de Krishna (*hrishi* + *kesha* = aquele de cabelo encaracolado), e sua concha – que pertencera ao demônio marinho Panchajana –, é chamada de **Panchajanya**. Já a de Arjuna, que lhe foi presenteada pelo deus Indra, seu pai divino, tem o nome de **Devadatta**, enquanto a concha de Bhima é denominada **Paundra** (feita de cana).

Dhananjaya, o "conquistador de riquezas", aquele que traz prosperidade e riqueza na terra aonde vai. Arjuna é assim designado porque, em suas incursões guerreiras, adquiriu copiosas riquezas humanas e divinas, materiais e espirituais.

Vrikodara, o "que tem abdome de lobo", é o epíteto de Bhima que demonstra ser ele capaz de digerir muito alimento, o que o tornava muito forte.

16 O rei Yudhishthira, filho de Kunti, soprou sua concha, Anantavijaya. Nakula e Sahadeva, as suas, Sughosa e Manipushpaka.

Yudhishthira é o primeiro dos irmãos Pandavas e foi gerado por Kunti, tendo por ascendência divina Dharma, o deus da justiça. Seu nome significa "aquele que permanece imperturbável no campo de batalha", o que leva a entender que a sua vitória estaria garantida, somado ao fato de que sua concha, **Anantavijaya**, significa "vitória perene". Ele é conhecido por seu senso de justiça e virtude.

Kunti, esposa de Pandu, é filha de Yadava, rei de Sura e irmã de Vasudeva (pai de Krishna). Por suas reverências religiosas, recebeu a graça de poder escolher qualquer deus para ser pai de seus filhos. Ela é a mãe dos irmãos Pandavas Yudhishthira, Bhima e Arjuna. Na juventude, junto com o deus Surya, o Sol, gerou seu primeiro filho, Karna.

Nakula e **Sahadeva** são os dois últimos irmãos Pandavas, que foram gerados por Madri, a segunda esposa de Pandu, tendo por ascendência divina os gêmeos Ashvins – deuses símbolos de energia vital, que aparecem nos céus antes do amanhecer e chegam até a terra a fim de proteger a humanidade do sofrimento e da miséria e de conduzir os seres humanos à iluminação. As conchas **Sughosa** e **Manipushpaka** têm a característica de um soar melodioso e doce.

17 O rei de Kashi, excelente arqueiro, o poderoso guerreiro Shikhandi, Dhrishtadyumna, Virata e o invencível Satyaki;

> **Shikhandi** é comandante de 11 mil arqueiros e responsável pela flecha que derrubará Bhishma. **Virata** era rei de Matsya, a região onde os Pandavas viveram o 13º ano de seu exílio, e **Satyaki** é o nome patronímico de Yuyudhana, filho ou descendente de Satyaka (*ver* verso 4).

18 Drupada, os filhos de Draupadi, e o filho de Subhadra, de braços fortes, todos sopraram suas respectivas conchas, ó Senhor da Terra!

19 Esse tremendo som reverberou na Terra e no Céu, dilacerando o coração dos descendentes de Dhritarashtra.

> Sanjaya faz uma descrição exaustiva das forças dos Pandavas a partir do verso 14 e entusiasticamente enfatiza o tumulto ruidoso das conchas como intimidante somente para os Kuravas.

20 Então, o filho de Pandu (Arjuna), cujo estandarte trazia o emblema de Hanuman, ao ver os descendentes de Dhritarashtra posicionados para o combate e as armas prontas para a ação, empunhou seu arco, ó Senhor da Terra, e disse as seguintes palavras a Hrishikesha (Krishna):

> Arjuna faz sua entrada na trama; o estandarte identifica o herói na batalha, que normalmente não seria atacado por um soldado comum, e sim lutaria com um de seus pares, de igual para igual. O símbolo usado por Arjuna era **Hanuman**, o famoso deus meio macaco, meio humano, do épico *Ramayana* – o poema que retrata a vida de Rama e suas aventuras, no resgate do bem, que

atravessou a Índia até o sul. O emblema representa o autocontrole e o equilíbrio da agitação mental.

Arjuna disse:

21 Ó Imutável (Krishna), para o meu carro de guerra entre os dois exércitos,

22 A fim de que eu veja esses homens que estão prontos para a batalha, e com quem devo lutar.

23 Quero observar todos que estão aqui reunidos, prontos para lutar e desejosos de satisfazer, na batalha, ao perverso filho de Dhritarashtra (Duryodhana).

Arjuna, homem de ação, e não de reflexão, aparece aqui como o herói corajoso e determinado, pronto a ousar, pleno de energia indomável e invencível do *Mahabhârata* (o incomparável épico que relata o confronto entre os dois clãs, Kuravas e Pandavas). Ao empunhar seu arco, ele denota a vontade de enfrentar o inimigo de peito aberto e vencer a guerra.

Ali, entre os dois exércitos, ele vislumbra uma guerra civil e doméstica, da qual só agora se conscientiza.

Sanjaya disse [a Dhritarashtra]:

24 Ó descendente de Bhârata (Dhritarashtra), a pedido de Gudakesha (Arjuna), Hrishikesha (Krishna) parou o melhor dos carros de guerra entre os dois exércitos.

Bhârata, o "estimado", é o lendário imperador virtuoso e fundador da dinastia Bharata, que deu origem à antiga

Índia. E Arjuna é chamado de **Gudakesha**, que significa "aquele que tem controle sobre o sono".

25 Diante de Bhishma, de Drona e de todos os regentes da terra, Krishna disse: "Vê, ó Partha (Arjuna), todos os Kurus reunidos".

Partha, o "filho de Pritha", o outro nome de Kunti.

26 Então, Partha (Arjuna) viu ali posicionados, em ambos os exércitos, pais, avós, sogros, tios maternos, irmãos, seus próprios filhos e netos e também companheiros, professores e amigos.

Krishna emite aqui suas únicas palavras neste capítulo: "Vê, ó Partha (Arjuna), todos os Kurus reunidos", e são elas que vão fazer desabar o edifício da personalidade esplêndida e heroica de Arjuna, abalando significativamente a sua alma. Tem início aqui o seu grande conflito, quando ele começa a se dar conta da extensão de uma guerra fratricida.

27 Vendo todos esses parentes à sua frente, o filho de Kunti (Arjuna), tomado de compadecimento, disse, com tristeza:

Arjuna disse:

28 Ó Krishna, vendo meus parentes e amigos aqui reunidos e ansiosos por lutar,

29 Meus membros fraquejam, e minha boca resseca, todo o meu corpo treme, e meus cabelos se eriçam.

30 O arco Gandiva escorrega de minhas mãos, e toda a minha pele queima. Não consigo ficar em pé. Meus pensamentos parecem um turbilhão.

O arco de Arjuna, dotado de poderes extraordinários, é chamado de **Gandiva**, "o que fere no rosto".

O compadecimento de Arjuna tem origem no apego e na ansiedade que ele sente ao ver seus parentes ali reunidos. O que parece discernimento na verdade demonstra sua ausência. Ele perdeu o autocontrole, o primeiro passo para o abismo da ignorância.

31 Tenho maus presságios, ó Keshava (Krishna), não vejo nada de bom em matar o meu próprio povo na batalha.

Arjuna chama Krishna de **Keshava**, que significa o "destruidor do mal, da ignorância", o "matador dos demônios".

32 Ó Krishna, não desejo nem vitória, nem um reino, nem prazeres. Que proveito pode ter para nós um reino, prazeres ou até mesmo a vida, ó Govinda (Krishna)?

E aqui Arjuna chama Krishna de **Govinda**, o "líder dos pastores", "protetor das vacas" e "conhecedor da terra".

33 Aqueles para quem desejamos reinos, alegrias e prazeres estão aqui na batalha, renunciando a suas vidas e riquezas.

34 [São] mestres, pais, filhos e também avós, tios maternos e sogros, sobrinhos, cunhados e outros parentes.

35 Embora eles queiram me matar, ó Madhusudana (Krishna), eu não poderia matá-los, nem mesmo pelo domínio dos Três Mundos, muito menos pelo reino da Terra.

Aqui Arjuna chama Krishna de **Madhusudana**, o "matador do demônio Madhu", que representa a ignorância. Já os **Três Mundos** ou esferas da cosmologia hindu são o Céu (*Svarga*), a Terra (*Bhumi*) e o submundo, o Inferno (*Patala*). Para alguns analistas, são eles: o mundo físico, o mundo vital e o mundo mental.

36 Que prazer podemos ter, ó Janardana (Krishna), matando os filhos de Dhritarashtra? Somente erro resultará para nós se matarmos esses criminosos.

Janardana, o "que concede bênção, benfeitorias, alegrias a todos".

37 Portanto, não devemos matar os filhos de Dhritarashtra, que são nossos parentes. Na verdade, ó Madhava (Krishna), como podemos ser felizes se matamos o nosso próprio povo?

Madhava, a "primavera" e o "encantador".

Arjuna passa a desfiar todos os aspectos negativos de uma guerra civil, justificando perante Krishna os motivos de querer abdicar da posição em que deveria agir. Ele quer ver seus argumentos aceitos, porém Krishna se abstém de qualquer comentário.

38 Ainda que o entendimento deles esteja dominado pela ambição, e eles não vejam nenhum erro em destruir famílias e nenhum crime em trair amigos,

39 Por que nós, ó Janardana (Krishna), que claramente vemos o mal em destruir famílias, não temos sabedoria para evitar esse erro?

A destruição de famílias é o resultado inevitável de uma guerra civil.

40 Com a destruição da família, seus antigos ritos e deveres religiosos morrem. Quando a espiritualidade é destruída, toda a família é dominada pela impiedade.

41 Prevalecendo a impiedade, ó Varshneya (Krishna), as mulheres da família são corrompidas, e quando isso acontece surge mistura das castas (*varnas*).

Varshneya, aquele que é "descendente do clã dos Vrishni".

Pelas normas hindus, o casamento entre pessoas de castas diferentes era considerado irregular, e uma das consequências da guerra é a diminuição do número de homens na sociedade. Com isso, a mulher poderia ficar vulnerável e ser induzida a romper as regras e tradições das castas.

Buda, Mahavira e, posteriormente, Mahatma Gandhi foram críticos ao sistema de castas, que, atualmente, é amplamente reprovado, por ser uma organização que propicia segregação social. No princípio, no entanto, esse sistema foi concebido como uma divisão inteligente das capacidades humanas existentes numa comunidade. Os estudiosos das tradições religiosas eram os *brâmanes*; os de habilidade política ou líderes dispostos a manter a paz e a proteger o reino de agressões externas eram os *kshatriyas*; os que supriam a comunidade por meio da agricultura e do comércio eram os *vaishyas*; e os que tinham natureza para trabalhar como operários ou servidores eram os *shudras*.

42 A mistura das castas leva ao Inferno a própria família e aqueles que a destruíram, pois os espíritos de seus ancestrais, privados de oferendas de arroz e água, caem.

43 Pelas más ações daqueles que destroem a família e criam confusão nas castas, são arruinados os antigos ritos e deveres religiosos das castas e a família.

44 Ouvimos dizer, ó Janardana (Krishna), que viver no inferno é inevitável para aqueles cujos deveres religiosos familiares foram aniquilados.

A oferenda de arroz e água refere-se aos ritos religiosos hindus realizados todos os meses na lua nova para os ancestrais até a terceira geração. Essa cerimônia só podia ser realizada pelo filho de um casal que pertencesse à mesma casta. É ele que dá continuidade à família e preserva as tradições de reverência aos ancestrais. Segundo a tradição hindu, as oferendas favoreciam o descanso das almas dos antepassados. Caso não recebessem tais oferendas, elas perderiam a condição celeste e iriam para uma condição infernal (*naraka*).

45 Ai de mim! Que grande erro cometemos ao nos preparar para matar nossos parentes, impelidos pela ambição dos prazeres de um reino!

46 Seria melhor para mim se os filhos de Dhritarashtra, com as armas empunhadas, matassem a mim na batalha, estando eu desarmado e sem opor resistência.

Sanjaya disse [a Dhritarashtra]:

47 Tendo dito essas palavras no campo de batalha, Arjuna deixou-se cair no assento do carro de guerra, pondo de lado seu arco e flechas, com a mente atormentada pelo desespero.

Arjuna, como guerreiro, sabe que precisa cumprir seu dever, mas seu coração quer proteger da destruição parentes e mestres. Essa desarmonia causa profundo desespero.

Devemos analisar essa luta não como uma batalha física, mas como um confronto interno que o ser humano tem de enfrentar para a sua própria evolução, no caminho do bem e da plena realização.

Na Upanishad *da gloriosa* Bhagavad Gita
– a ciência do Eterno, a Escritura do Yoga,
o diálogo entre Sri Krishna e Arjuna –,
assim termina o primeiro capítulo, intitulado
O desespero de Arjuna

CAPÍTULO II

Samkhya e Yoga
O CAMINHO DO CONHECIMENTO

Sanjaya disse:

1 Para ele, tomado pela piedade e pelo desespero, abalado e com os olhos cheios de lágrimas, Madhusudana (Krishna) disse estas palavras.

O Senhor Abençoado disse:

2 De onde vem, ó Arjuna, esse desespero, impróprio de um ária, essa atitude vergonhosa que impede o acesso ao céu?

Krishna se refere ao ária como nobre e honrado, que sabe lidar com habilidade nas situações adversas.

3 Não te entregues à covardia, ó Partha (Arjuna)! Isso não te é próprio. Liberta-te dessa fraqueza. Levanta-te, ó Vencedor de Inimigos.

Arjuna disse:

4 Ó Madhusudana (Krishna)! Ó Destruidor de Inimigos, como posso em batalha atacar com flechas Bhishma e Drona, que são dignos de veneração?

5 Seria melhor, de fato, viver como mendicante neste mundo que matar estes nobres mestres! Se eu os matar, todos os prazeres e riquezas do mundo estarão manchados de sangue.

6 É difícil dizer o que é melhor para nós: que eles nos conquistem ou que nós os conquistemos. Reunidos contra nós estão os filhos de Dhritarasthra. Se nós os matarmos, a vida se tornará insuportável.

7 Meu coração está dominado pela comiseração, e minha mente está confusa sobre meu dever (*dharma*). Eu Te suplico: o que é melhor para mim? Sou Teu discípulo! Refugio-me em Ti. Ensina-me!

> ***Dharma***, "aquilo que agrega"; lei, norma, regra da natureza, da ação e da vida, lei universal, dever, retidão. É a constituição mais profunda, a lei da essência interior. É o agir de acordo com a verdadeira natureza de cada um, com o que faz possível a vida e o universo. Descobrir o *dharma* é descobrir sua missão no mundo. Arjuna pede a Krishna que o oriente, que lhe aponte seu *dharma*. Ele precisa desse conhecimento para agir de acordo com sua verdadeira natureza. Neste momento, Arjuna está pronto para aprender; ele toma consciência de sua ignorância e se dispõe a ser um discípulo.

8 Não vejo nada capaz de dissipar essa tristeza que debilita meus sentidos. Nem mesmo se eu obtivesse um reino na terra, próspero e sem igual, ou a soberania sobre as divindades do céu!

Sanjaya disse [a Dhritarashtra]:

9 Tendo assim falado a Govinda (Krishna), Gudakesha (Arjuna), o conquistador de inimigos, declarou: "Não lutarei". E ficou em silêncio.

Arjuna, sem compreender o sentido da batalha, que é fruto de seu conflito interior, desiste de si próprio ao dizer "não lutarei".

10 Ó Bhârata (Dhritarashtra), para aquele que assim se lamentava em meio aos dois exércitos, Hrishikesha (Krishna), como que sorrindo, proferiu:

O Senhor Abençoado disse:

11 Tu te lamentas por quem não deverias te lamentar, embora fales palavras de sabedoria. Os sábios não se lamentam nem pelos vivos nem pelos mortos.

Krishna inicia aqui seu ensinamento: a verdadeira natureza dos seres é eterna e está além dos processos de vida e morte. A morte não é o fim da vida, mas uma etapa da existência.

Aqui é importante compreender que, nas argumentações de Arjuna e nas explicações de Krishna, há um sentido que vai muito além das palavras e não deve ser lido nem entendido de maneira literal. A guerra não é externa, ela ocorre dentro de cada um de nós, quando se tem de escolher entre atitudes virtuosas, compassivas, honestas, solidárias ou atitudes movidas por egoísmo, poder, rancor, interesses pessoais. "Matar os inimigos", os Kuravas, significa compreender que dentro de nós há uma ignorância que nos dificulta perceber e viver a dimensão essencial, os valores cruciais de nossa condição humana. Significa também não alimentar, ou seja, deixar de dar vida ao pior dos nossos sentimentos – ciúme, inveja, desdém, mentiras, entre outros – e sim nutrir e exercitar o melhor de nossa humanidade – compreensão, amorosidade, bondade, coragem de ser honesto, de promover a verdade em tudo.

12 Jamais houve tempo em que eu não existisse, nem tu, nem esses reis. E jamais, em todo o futuro, qualquer um de nós deixará de existir.

13 Assim como a alma encarnada em um corpo passa pela infância, juventude e velhice, assim também ela passa para outro corpo. O sábio não se perturba com isso.

14 Ó Filho de Kunti (Arjuna)! O contato dos sentidos com os objetos causa sensações de calor e frio, prazer e dor. Elas são transitórias, têm começo e fim. Suporta-as com paciência, ó Descendente de Bhârata (Arjuna)!

15 Ó melhor entre os homens! Aquele que não se perturba, que permanece o mesmo no prazer e na dor, somente ele estará qualificado para alcançar a imortalidade.

16 O irreal não tem existência. O real não pode ser inexistente. Aqueles que conhecem a Verdade compreendem tais afirmações.

Segundo Swami Chinmayananda, **real** (*sat*) é aquilo que, frente a todas as mudanças do mundo, sempre existe e se mantém em todos os períodos de tempo – passado, presente e futuro. E **irreal** (*asat*) é aquilo que muda continuamente, como o corpo e as demais formas transitórias da matéria, bem como nossos sentimentos, ideias e ações.

17 Saiba que Aquele que tudo permeia é indestrutível. Ninguém pode destruir esse Ser imutável.

Indestrutível e **imutável** fazem referência a Brahman, o Absoluto, o Ser Supremo, a Plenitude.

18 Saiba que esses corpos encarnados têm fim, mas o Eu é indestrutível, incompreensível e eterno. Portanto, luta, ó Descendente de Bhârata (Arjuna).

19 Aquele que julga que o Eu pode matar, e aquele que pensa que o Eu pode ser morto, nenhum deles compreende a Verdade. O Eu não mata nem morre.

O **Eu** é o princípio imortal presente na matéria, está além da condição de vida e de morte à qual o ego e seu corpo material estão sujeitos.

20 O Eu nunca nasce e nunca morre; uma vez que ele exista, nunca deixará de existir. Ele é inato, eterno, imutável, primevo. Ele não perece quando o corpo morre.

21 Aquele que sabe, ó Partha (Arjuna), que o Eu é eterno e indestrutível, inato e imutável, como poderá matar ou causar a morte de alguém?

22 Assim como uma pessoa se desfaz das roupas usadas e veste outras novas, assim também o Eu encarnado deixa os corpos usados e entra em outros que são novos.

> Krishna usa outra metáfora para explicar o que já foi dito no verso 13. Segundo Radakrishnan, o Eu, o eterno, não se move de um corpo a outro, mas a alma, sim. Ela encarna a cada tempo e se une à mente, à vida e ao corpo, formados pela natureza material, conforme a evolução passada e as necessidades para o futuro. O renascimento é uma lei da natureza.

23 Nenhuma arma pode feri-Lo, o fogo não pode queimá-Lo, a água não pode umedecê-Lo, nem o vento pode secá-Lo.

24 O Eu real não pode ser ferido nem queimado, nem molhado ou seco. O Eu é eterno, tudo permeia, é imutável e inabalável. Ele é eternamente o mesmo.

25 Diz-se que o Eu é não manifesto, inconcebível e imutável. Portanto, sabendo disso, não há por que te lamentares.

26 Mesmo que tu penses que o Eu nasce e morre constantemente, ainda assim, ó Braços Vigorosos (Arjuna), não há por que te afligires.

> Krishna aceita a possibilidade de Arjuna não concordar com suas afirmações a respeito de reencarnação

e abre-se para o argumento contrário. Mesmo assim, Arjuna deve compreender e aceitar o que é inevitável na vida.

Braços Vigorosos, ou Braços Fortes (*Mahabaho*), é um dos epítetos que Krishna atribui a Arjuna.

27 Pois para aquele que nasceu a morte é certa, e certo é o nascimento para aquele que morreu. Portanto, não te entristeças pelo inevitável.

Para o hinduísmo em geral, a vida é uma corrente contínua de nascimentos, mortes e renascimentos. Esse processo só cessa quando o ser compreende plenamente o profundo significado da vida. Aí, liberta-se das reencarnações.

28 Todos os seres são não manifestos em seu início, manifestos em seu estado intermediário e novamente não manifestos no seu fim. O que há então para lamentares, ó Bhârata (Arjuna)?

Ao citar o **início**, Krishna faz referência à fase anterior ao nascimento; no meio (**estado intermediário**), ao período que vai do nascimento à morte, a vida presente; e **o fim** é atribuído ao pós-morte. Não há motivo para se lamentar porque tudo existe sempre; em alguns períodos há manifestação, e em outros, repouso.

29 Alguns O veem como uma maravilha, outros falam Dele como uma maravilha, outros ainda ouvem falar Dele como uma maravilha; e há outros que, mesmo depois de ouvir sobre Ele, não O compreendem.

Segundo Shankaracharya, **ouvir** é o mesmo que ver, falar e escutar. Sempre é dito que o Absoluto, o Eu real em nós, é pleno de conhecimento e bem-aventurança. Mas nossa experiência limitada nos faz crer que somos finitos ou que nossa real natureza está tão distante que não podemos alcançá-la. Mas quem experimenta a verdadeira natureza do Eu vive uma condição de maravilhamento.

30 Ó descendente de Bhârata (Arjuna), o Eu que habita o corpo de cada um é eterno e nunca pode ser morto. Portanto, tu não deves te lamentar por nenhuma criatura.

31 Além disso, em respeito a teu próprio dever (*dharma*) tu não deves vacilar. Para um guerreiro (*kshatriya*) nada é mais enobrecedor que uma guerra justa.

Kshatriya é uma das quatro castas (*varnas*) do sistema social hindu. Representa os guerreiros, protetores da população e das terras, defensores da justiça. Os reis e a nobreza em geral pertenciam a essa casta.

Espera-se que a ação de um guerreiro no mundo seja proteger seu país, seu povo, sua cultura, e que ele defenda a verdade. Como já dito, a guerra ocorria em um campo distante da cidade, para que não envolvesse a população civil e se restringisse aos guerreiros preparados, em igualdade de condições, para a batalha. Havia regras que eram respeitadas: por exemplo, um guerreiro armado jamais atacaria outro que estivesse desarmado. Esses critérios refletem os valores internos como os que Arjuna tem e que deve aplicá-los na conquista de si próprio.

Até o verso 38, Krishna vai lembrar Arjuna das consequências decorrentes do não cumprimento do dever, que irá atingir desde os aspectos mais elevados até os mais mundanos do ser humano.

32 Felizes, de fato, são os guerreiros, ó Partha (Arjuna), para quem essa guerra surge como uma porta aberta para o Céu.

Essa guerra representa o conflito interior da alma. Quando ele for vencido, um sentimento de profunda paz e plenitude será vivenciado.

33 Mas, se tu te recusares a lutar nesta guerra justa, renunciando ao teu próprio *dharma* e honra, incorrerás em erro/pecado (*papam*).

Swami Chinmaynanda diz que, para o hinduísmo, **pecado** (*papam*) tem conotação de "agitações da mente". É o equívoco da mente em agir de modo contrário à natureza essencial do Eu. Quando a mente anseia pelos prazeres do mundo dos objetos, ela gera em seu íntimo mais e mais agitação. Esse tipo de erro é chamado de pecado.

34 Todos falarão sempre da tua desonra, e, para uma pessoa honrada, a desonra é pior que a morte.

35 Os grandes guerreiros pensarão que tu recusaste a batalha por medo, e aqueles que tinham grande estima por ti desprezar-te-ão.

36 Teus inimigos usarão palavras vergonhosas, denegrindo tua bravura. O que poderia ser mais doloroso que isso?

37 Morto, ganharás o céu; vitorioso, desfrutarás a terra. Portanto, levanta-te, ó filho de Kunti (Arjuna), decidido a lutar.

> Quando Arjuna, que representa a humanidade, se decidir por enfrentar seu conflito interno, morrendo ou vivendo será vitorioso, porque estará cumprindo o próprio dever com retidão.

38 Aceitando igualmente o prazer e a dor, o ganho e a perda, a vitória e a derrota, prepara-te para lutar. Assim, não incorrerás em erro/pecado.

39 Isso que te foi transmitido é a sabedoria do Samkhya. Escuta agora a sabedoria do Yoga. Conhecendo-a, ó Partha (Arjuna), romperás os grilhões do *karma*.

> Na *Bhagavad Gita*, **Samkhya** não significa o sistema ou escola de filosofia de mesmo nome, nem **Yoga** se refere à escola de Patanjali. Samkhya é o conhecimento do dualismo entre *purusha* (o espírito) e *prakriti* (a matéria) e a realidade do Ser Supremo, o Absoluto, que transcende esse dualismo. *Samkhya* tem o conhecimento intuitivo do Ser, é o *yoga* do conhecimento. Yoga é o caminho posto em prática para chegar a esse conhecimento intuitivo do ser, é o *yoga* da ação (Karma Yoga).

Karma significa ação. Toda ação gera reação, portanto, *karma* pode ser entendido como a "lei de ação e reação" ou "lei de causa e efeito", ou seja, nossas ações e as intenções que colocamos nelas podem nos aprisionar ou nos libertar.

40 Nesse caminho, nenhum esforço se perde e nenhum obstáculo prevalece. Mesmo um pouco desse *dharma* nos protege do grande medo.

Dharma é agir de acordo com a verdadeira natureza de cada um (*ver* verso 7), e **grande medo** significa ficar preso à roda de nascimentos e mortes.

41 Nesse caminho, ó descendente dos Kurus (Arjuna), aquele que é decidido tem um único objetivo; já os pensamentos do indeciso são intermináveis e com muitas ramificações.

Arjuna, como descendente dos Kurus, refere-se à parte física, emocional e mental da constituição do ser humano.

42 Discursos floreados são pronunciados pelos que não discernem, ó Partha (Arjuna), e se comprazem com as palavras eloquentes dos *Vedas*, dizendo: "Nada existe além disto".

Os ***Vedas***, as escrituras sagradas mais antigas da Índia – cuja datação aproximada é dos anos 2000 a.C. –, são compostos de quatro coletâneas em forma de hinos e versos dedicados, por um lado, a diferentes divindades e cantados em vários rituais e, por outro, oferecidos ao conhecimento do Eu real, à dimensão essencial dos seres, que leva ao estado de realização e liberação interior.

Eram saberes descritos em poesia e canto, um modo bem interessante de estudo e prática. As quatro coletâneas são: *Rig Veda*, os hinos, os poemas; *Sama Veda*, os cânticos; *Yajur Veda*, a liturgia, os textos sacrificiais, e *Atharva Veda*, os encantamentos, as fórmulas mágicas, as cerimônias místicas.

43 Cheios de desejos, tendo o Céu como meta, usam palavras floreadas que prometem um novo nascimento como recompensa por suas ações e prescrevem ritos específicos para alcançar prazer e poder.

Nestes dois versos, 42 e 43, há uma crítica às ações sacrificiais feitas com o intuito de se obterem poder e prazer celestial e terreno.

44 Aqueles que se atêm ao prazer e ao poder, cuja mente é levada por tais palavras, não são determinados nem resolutos e não estão preparados para manter-se concentrados no Eu.

Quem busca prazer e poder no mundo torna-se, indefinidamente, cativo dessas forças insaciáveis de atração e se esquece de dedicar suas ações e pensamentos à clareza e à lucidez do Eu.

45 Os *Vedas* tratam das três qualidades (*gunas*). Liberta-te, ó Arjuna, dessas três qualidades, liberta-te dos pares de opostos. Permanece firme na pureza e, sem alimentar pensamentos egoístas e de posse, mantém-te senhor do Eu.

Gunas são as três qualidades inseparáveis da natureza: *sattva* (a harmonia, o equilíbrio, o positivo), *rajas* (a atividade, o dinamismo, o passional) e *tamas* (a inatividade, a inércia, o passivo). A constituição interna do Universo é feita dessas qualidades. No ser humano, manifestam-se como temperamentos e compõem a mente e o intelecto. Libertar-se delas é transcender a mente e redescobrir a si como sendo Deus. É transportar-se do campo da imperfeição para a região da bem-aventurança.

Pares de opostos (*dvandvas*) são as experiências complementares, em nossa vida, de prazer e sofrimento, saúde e doença, sucesso e insucesso, alegria e tristeza.

46 Para o *brahmin* que compreendeu o Eu, todos os *Vedas* são tão úteis quanto um poço em local onde há água em abundância.

Brahmin ou brâmane é o representante da casta (*varna*) que cuida e ensina sobre os saberes sagrados e espirituais. São sacerdotes e professores.

Para quem tem a consciência iluminada, os ensinamentos dos *Vedas* foram superados. O conhecimento mais amplo contém dentro de si os saberes menores.

47 Tu tens direito somente à ação, nunca aos seus frutos; não deixes que os frutos da ação sejam o teu estímulo, nem te apegues à inação.

Este verso contém o princípio essencial da ação reta, o agir pela sua própria importância, e não pela esperança de receber recompensas por ele. Quem age visando a resultados vai se frustrar e sofrer se não receber o que pretende.

48 Estabelecido no *yoga*, ó Dhananjaya (Arjuna), faze o teu trabalho abandonando o apego e permanecendo equilibrado no sucesso e no fracasso, pois a equanimidade é chamada *yoga*.

Krishna, em sua sabedoria, vai continuamente sugerir a Arjuna – o ser humano em amadurecimento – a desenvolver *yoga*, isto é, a manter a mente calma e equilibrada em qualquer situação, seja ela favorável ou não.

49 De fato, bem inferior à ação sábia é a simples ação [movida pelo desejo], ó Dhananjaya (Arjuna). Refugia-te, portanto, no *yoga* da sabedoria. Infelizes são os que buscam os frutos [das suas ações].

50 Aquele que é dotado de sabedoria rejeita, nesta vida, tanto as boas quanto as más ações. Portanto, dedica-te ao *yoga*; *yoga* é a habilidade na ação.

O dotado de sabedoria está além da distinção moral entre o bem e o mal e age no que é necessário, mantendo a mente serena no divino.

51 Dotados de conhecimento, tendo renunciado aos frutos de suas ações e livres dos grilhões do nascimento, os sábios alcançam o estado além de todo o mal.

52 Quando o teu intelecto cruzar o lamaçal da ilusão, tu ficarás indiferente ao que já ouviste e ao que ainda estás por ouvir.

A palavra "indiferente" refere-se aqui ao desapego à noção ilusória, passada ou futura, sobre o mundo e sobre si mesmo.

53 Quando teu intelecto, que está perplexo por tudo o que ouviu, permanecer inabalável e estável no Eu (*samadhi*), tu alcançarás a autorrealização (*yoga*).

Arjuna disse:

54 Quais são as características daquele que possui uma sabedoria bem fundamentada e que permanece inabalável no estado de supraconsciência, ó Keshava (Krishna)? Como esse ser de firme sabedoria fala, senta-se e anda?

O Abençoado Senhor disse:

55 Quando um homem renuncia a todos os desejos da mente, ó Partha (Arjuna), e seu espírito encontra satisfação em si mesmo, ele é considerado estável na sabedoria.

Até o verso 72, Krishna vai falar sobre o valor da equidade em diversas situações.

56 Aquele cuja mente não é abalada pelas adversidades, que não almeja prazeres e se libertou das paixões, do medo e da raiva, este é chamado sábio.

57 Aquele que é desapegado de tudo, que não se regozija quando obtém o que é bom nem rejeita o que é ruim, sua sabedoria é permanente.

Desapegado e equânime diante dos opostos não significa ser indiferente. Ele mantém sempre bom ânimo porque todas as situações são fontes de aprendizado e aprimoramento para o viver bem.

58 Quando, semelhante à tartaruga, que recolhe seus membros, ele recolhe seus sentidos dos objetos, sua sabedoria se torna firme.

> Recolher os sentidos para não alimentar a tendência da mente ainda não consciente de se deixar estimular por inúmeros atrativos deste mundo de desejos. A isso se chama *pratyahara*, no Yoga.

59 Os objetos dos sentidos são repelidos por quem pratica abstinência, contudo, o sabor deles permanece. Mas até mesmo o sabor desaparece quando o Supremo é contemplado.

60 Até a mente do sábio empenhado na perfeição, ó filho de Kunti (Arjuna), é arrebatada pelos sentidos turbulentos.

> É falsa a ideia de que o sábio já é livre de desejos. Embora ele consiga desenvolver o autocontrole diante das atrações, elas continuam a surgir.

61 Tendo restringido todos os sentidos, ele deve permanecer concentrado em Mim. É duradoura a sabedoria daquele que mantém os sentidos sob controle.

62 O homem que mantém a mente nos objetos sente apego por eles. Do apego nasce o desejo, e do desejo, a raiva.

63 Da raiva surge a ilusão; da ilusão, a perda da memória; da perda da memória, a ruína do discernimento; e, com a ruína do discernimento, o homem perece.

> Krishna mostra nestes dois versos como a decadência moral nasce quase imperceptível na mente.

64 Porém, o homem autocontrolado, movendo-se entre os objetos com seus sentidos dominados, livre da atração e da repulsão, alcança a serenidade.

65 Quando há serenidade, todo o sofrimento chega ao fim, pois o entendimento daquele que tem a mente serena logo se torna estável [na paz do Eu].

66 Não há sabedoria naquele que é instável, tampouco há poder de concentração. Sem concentração não há paz, e, para aquele que não tem paz, como pode haver felicidade?

67 Para a mente que segue os sentidos errantes, o discernimento é perdido, tal como o vento, que desvia um barco nas águas.

68 Portanto, ó Braços Vigorosos (Arjuna), aquele cujos sentidos foram recolhidos de seus objetos tem sua sabedoria firmemente estabelecida.

69 O que é noite para todos os seres é vigília para o autocontrolado, e quando todos os seres estão acordados é noite para o sábio vidente.

> Segundo Radakrishnan, enquanto os seres em geral são atraídos pelo brilho dos objetos dos sentidos, o sábio busca entender a realidade. Ele tem a alma acordada para a natureza da realidade, enquanto o ignorante não se interessa e fecha os olhos para isso.

70 Como o oceano, que permanece calmo e inalterável embora as águas nele desaguem, do mesmo modo o autocontrolado permanece imperturbável quando os desejos nele afluem, e ele

alcança a paz. Porém o mesmo não acontece com quem se prende aos desejos.

71 Alcança a paz aquele que abandona todos os desejos e se conduz sem anseios, sem o sentido de "eu" e "meu".

É a condição do pleno discernimento daquele que já vive a sabedoria. Ele continua vivendo no mundo de atrativos, mas não se deixa "fisgar" por nenhum objeto de desejo. Seu coração e mente estão livres e contemplam o divino em tudo.

72 Esse é o estado divino, ó Partha (Arjuna). Atingindo-o, não há mais ilusão. Mantendo-se firme nele até o fim da vida (na hora da morte), alcança-se a união com Brahman.

Unir-se a **Brahman**, o Supremo, após a morte significa atingir o *nirvana*. Segundo o hinduísmo, *nirvana* é um termo sânscrito que literalmente significa "apagado" ou "extinção". Os atrativos dos sentidos, os desejos, os apegos, a ânsia de poder deixam de encantar o praticante. É o estado de consciência plena transcendental, de um sentimento de total realização, quietude perfeita, liberdade, plena felicidade, uma condição de liberação do *samsara*, o ciclo contínuo de nascimentos, mortes e renascimentos.

... assim termina o segundo capítulo, intitulado

O caminho do conhecimento

CAPÍTULO III

Karma Yoga
O caminho da ação

Arjuna disse:

1 Ó Janardana (Krishna), se consideras o conhecimento superior à ação, por que então me incitas a este ato tão terrível, ó Keshava (Krishna)?

Arjuna ainda está apegado a seu ego e identificado com o exército e a luta. Ainda não entendeu o significado da ação.

2 Com esse discurso aparentemente contraditório, meu entendimento se confunde. Dize-me, então, qual é o caminho que me fará alcançar o bem maior.

O Senhor Abençoado disse:

3 Ó tu, de coração puro, como disse anteriormente, neste mundo há dois caminhos: o caminho do conhecimento, para

homens de contemplação, e o caminho do trabalho, para homens de ação.

O caminho do conhecimento, ou Jnana Yoga, esclarece o que é real e o que é irreal e aponta para a unidade de toda a vida. O caminho da ação altruísta, sem apegos, Karma Yoga, é o conhecimento posto em prática, tendo como meta viver em união com o divino. Na *Gita*, os dois caminhos são complementares e igualmente valiosos para o autoconhecimento.

4 Não é se abstendo da atividade que o homem se liberta da ação; nem pela simples renúncia alcança ele a perfeição.

O que se requer não é deixar de agir, já que as ações são necessárias no mundo, mas sim renunciar aos atos movidos por desejos egoístas.

5 Pois ninguém pode ficar nem mesmo por um momento sem agir; todos são compelidos à ação, movidos pelas qualidades (*gunas*) inerentes à natureza material (*prakriti*).

O ser humano está sempre sob a influência das três tendências da natureza (*gunas*), que são: harmonia (*sattva*), atividade (*rajas*) e inatividade (*tamas*). Não seguir as leis da natureza leva à deterioração. Por exemplo, a inatividade física debilita o corpo e a mente. Portanto, a *Gita* propõe a ação com uma atitude mental reta, a fim de crescer interiormente.

Prakriti é a natureza material, a matéria-prima que constitui todo o Universo.

6 Aquele que refreia os órgãos de ação mas mentalmente se prende aos objetos dos sentidos ilude-se e é chamado de hipócrita.

7 Porém, ó Arjuna, aquele que pela mente controla os sentidos e sem apego dirige os órgãos de ação para o caminho da ação (Karma Yoga), este é digno de ser louvado.

Os cinco órgãos de ação, chamados *karmendriyas*, são a boca (fala), as mãos (apreensão), os pés e as pernas (locomoção) e os órgãos excretor e reprodutivo.

O Karma Yoga é a ação direta realizada com desapego pelo próprio ato e pelos seus resultados. É o caminho para a liberdade do Eu interior.

A contradição entre pensamento e ação precisa ser sempre evitada. Viver aparentando desapego pelos objetos, enquanto a mente vive de pensamentos e sentimentos de atração por eles, é ilusão e hipocrisia. Não devemos observar os processos do mundo como objetos para nossa satisfação. As coisas devem ser vistas como manifestações do real, e não como objetos a ser possuídos. Desenvolver a atitude de desapego diante dos objetos requer esforço e disciplina.

8 Cumpre os deveres que são destinados a ti, pois a ação é superior à inação. Nem mesmo o sustento do corpo físico seria possível sem ação.

9 O mundo está aprisionado por ações que não são realizadas com a intenção de sacrifício (*yajna*). Portanto, ó filho de Kunti (Arjuna), executa tuas ações como sacrifício, livre de todo o apego.

Yajna (da raiz *yaj* = venerar) significa sacrifício, no sentido de *sacro-ofício*, ação sagrada, oferenda. Todas as ações devem ser praticadas como sacrifício. Ele é uma parte importante da experiência espiritual e um meio para a liberação. A ação sagrada está manifestada no Universo como no Sol que ilumina, na Lua em ação com a Terra, na Terra germinando vidas, no mar pulsando. Todo o poder cósmico do mundo e os fenômenos da natureza agem instintivamente a serviço de tudo e de todos.

10 No princípio o Criador concebeu a humanidade, junto com o sacrifício, e disse: "Que o sacrifício vos traga prosperidade e seja o leite da vaca da abundância que sacie os vossos anseios".

O Criador aqui se refere a Prajapati, o "senhor das criaturas", o "pai de incontáveis filhos", outro nome de Brahma. Ele é o criador de tudo o que existe na Terra.

A vaca da abundância, Kamadhuk, é o animal mítico, prodigioso, que sacia todos os desejos mais íntegros. Nesse contexto, significa que nada é impossível ao ser humano se ele agir com cooperação, sem apego e no espírito de sacrifício.

11 Pelo sacrifício, alimentai os deuses e deixai que os deuses vos alimentem; assim, nutrindo-vos uns aos outros, vós alcançareis o supremo bem.

Deuses (Devas) são aqueles que brilham, os seres que habitam acima do reino humano. Divindades que inspiram e auxiliam a vida humana e de outros entes. Ainda estão submetidos a nascimento e morte.

12 Alimentados pelo sacrifício, os deuses vos concederão as dádivas desejadas. Mas aquele que desfruta dessas dádivas sem lhes oferecer nada em troca é, na verdade, um ladrão.

Ladrão não é apenas quem pega um objeto que não lhe pertence. É também aquele que com a sociedade não colabora mas usufrui dos benefícios de ações empreendidas por outros.

13 Os virtuosos, que se alimentam das sobras do que é ofertado em sacrifícios, são libertados de todos os erros/pecados; mas os ímpios, que preparam o alimento em seu próprio benefício, verdadeiramente se nutrem de erro/pecado.

Os virtuosos fazem primeiro as oferendas de alimento ao divino, e só depois é que vão comer. O alimento e outros bens devem ser compartilhados, e não guardados apenas para o próprio bem-estar.

14 Do alimento provêm os seres, da chuva se originam os alimentos, do sacrifício surge a chuva, e o sacrifício nasce da ação.

15 Saiba que a ação tem origem em Brahma (o Criador) e que Brahma origina-se do Imperecível (Brahman). Portanto, Brahman, que tudo permeia, está sempre presente no sacrifício.

Brahma é o deus criador de todo o Universo e faz parte da trindade junto com Vishnu, o deus que conserva a criação, e Shiva, o que renova, que reestabelece o essencial no Universo, destruindo o que está deteriorado.

Brahman é o princípio do Universo, de cuja essência tudo emana, é o Supremo, o Absoluto, o Espírito Universal, a Plenitude. (*Ver* cap. 2, verso 72)

16 Aquele que neste mundo não segue a roda, ora colocada em movimento, leva uma vida de erro/pecado, comprazendo-se nos sentidos. Ele vive em vão, ó Partha (Arjuna).

> Há uma constante interdependência entre a vida humana e a vida no mundo e no Cosmo.
>
> O individual e o cósmico dependem um do outro na roda universal da vida. O mundo progride quando há ação de cooperação e harmonia entre o humano e o divino. Mas decai e sofre quando o humano escolhe agir somente para seu interesse e benefício. Quem trabalha só para si **vive em vão**.

17 Mas o homem que se satisfaz no Eu [interior] e somente no Eu encontra bem-estar e contentamento, esse homem não precisa fazer mais nada.

> Ele **encontra o bem-estar** em si, no seu Eu, e não no mundo exterior, portanto, ele não age mais movido por desejos e recompensas. Sua ação nasce espontaneamente de sua natureza perfeita.

18 Para ele não há mais interesse no que possa ganhar pelas ações que faz neste mundo nem perder pelas ações que deixa de realizar. Ele não depende de nada nem de ninguém.

> O ser humano liberado não tem mais o que ganhar ao agir ou não agir; ele vive feliz no Eu, no Supremo. No entanto, ele continua a produzir, desapegadamente, pelo bem do mundo.

19 Portanto, faze sempre sem apego o trabalho que tem de ser feito, pois, agindo sem apego, o homem atinge o Supremo.

20 Na verdade, somente pela ação Janaka e outros atingiram a perfeição. Também tu deves realizar as tuas obras tendo em vista beneficiar a humanidade.

> **Janaka** foi rei de Videha e pai de Sita, esposa de Rama, o herói do *Ramayana*. Janaka é o ideal do karma iogue: aquele que age sem desejos nem apegos e oferece suas ações ao divino.

21 Qualquer ação praticada por um grande homem os outros imitarão. O que ele estabelecer como exemplo a humanidade seguirá.

> Diz E. Easwaran: "É mais fácil influenciar os outros por meio de nosso exemplo. Quando Gandhi observava um dia de silêncio por semana, alguém lhe pediu que ele desse uma mensagem. Ele simplesmente escreveu: 'Minha vida é minha mensagem'".

22 Nada há nos Três Mundos, ó Partha (Arjuna), que tenha de ser feito por Mim, e não há nada a ser alcançado que Eu já não tenha obtido. No entanto continuo a agir.

> Os **Três Mundos** (Triloka) ou três esferas da cosmologia hindu são o Céu (Svarga), a Terra (Bhumi) e o submundo, o Inferno (Patala). Para alguns comentadores, eles significam o mundo físico, o vital e o mental.

> Nestes três versos, 22 a 24, Krishna fala de si como sendo o Absoluto.

23 Se alguma vez Eu interrompesse Minha incansável atividade, decerto os homens seguiriam o Meu caminho, ó Partha (Arjuna).

24 Se Eu parasse de agir, esses mundos pereceriam. Eu seria o causador de confusão e o destruidor da humanidade.

> Se o Ser Absoluto não age, os seres humanos, sem referência, acabam não agindo também. A humanidade não sabe viver sem orientação. O Universo inteiro sobrevive e se sustenta pela atividade do Absoluto.

25 Enquanto o ignorante age movido pelo apego às obras, ó descendente de Bhârata (Arjuna), o sábio deve agir sem apego, desejando o benefício do mundo.

26 O sábio não deve confundir a mente do ignorante, que está preso às ações. Agindo com diligência, o sábio deve encorajá-lo a fazer o mesmo.

> O **sábio** não deve desejar ver uma mudança rápida naqueles que estão presos à ilusão de que o mundo lhes pertence. Ele deve ser exemplo e mostrar a forma correta de pensar e agir sem se impor ao estudante, e isso deve acontecer devagar e sem atropelos, respeitando-se a medida de compreensão de cada um.

27 Todas as ações são efetuadas pelas qualidades da natureza (*gunas*); no entanto, aquele cuja mente está ofuscada pelo egoísmo pensa: "Eu sou o autor".

> Segundo Swami Chinmayananda, onde há mente, há ações a ser executadas. Elas são, portanto, geradas pela mente, fortalecidas na mente e, por último, entram em ação pela mente. Mas a pessoa identifica-se de maneira errada com a sua própria mente e tem a falsa noção de que é ela quem age (no verso: "Eu sou o autor"), gerando ansiedade pelo sucesso e produzindo apego aos

resultados de suas ações. É preciso desfazer os apegos para que essa concepção equivocada termine.

28 Contudo, ó Poderoso Guerreiro (Arjuna), aquele que sabe a verdade sobre a atuação dessas qualidades e entende que são as qualidades [como sentidos] que atuam sobre as qualidades [como objetos], este não se apega.

Para Swami Chinmayananda, Krishna expõe aqui a atitude da pessoa lúcida, que tem discernimento para saber que é a mente que planeja a ação, ou seja, ela pertence ao mundo da mente, portanto não fica mais ansiosa pelos frutos das ações. O sucesso e a derrota, o prazer e a dor pertencem à mente, e não à pessoa. Assim, em completa e profunda liberdade, ela entende que o real prazer está na ação, e não nos ganhos.

29 Os que são iludidos pelas qualidades da natureza (*gunas*) apegam-se às atividades produzidas por elas. Mas o homem que tem pleno conhecimento não deve confundir o ignorante, cujo conhecimento é incompleto.

30 Dedicando todas as tuas ações a Mim, com a mente centrada no Eu, livre do desejo e do egoísmo, livre de preocupação, luta!

31 Aqueles que constantemente praticam este Meu ensinamento, cheios de fé e com boa vontade, ficam libertos dos laços das ações.

32 Mas aqueles que menosprezam Meu ensinamento e não o põem em prática, que são cegos para a sabedoria e desprovidos de discernimento, saiba que estes estão condenados.

33 Até o sábio age de acordo com a sua própria natureza. Todos os seres seguem sua natureza; por que, então, reprimi-la?

34 A atração e a aversão pelos objetos dos sentidos residem nos sentidos. Que ninguém se deixe dominar por elas. Elas são suas inimigas.

35 É melhor cumprir o próprio dever, ainda que de modo imperfeito, do que executar com perfeição o dever de outro. É melhor morrer no cumprimento do próprio dever, pois seguir o dever do outro gera medo e insegurança.

(*Ver* cap. 18, verso 47)

O **próprio dever** (*svadharma*: *sva* = próprio; *dharma* = lei, dever) é a lei interna que regula nossos pensamentos e atos e que está em harmonia com a lei divina; é nascer no lugar que lhe compete e pensar e agir naquilo que é próprio de sua lei interna; é agir conforme os ditames de sua verdadeira natureza. Essa é a única maneira de viver em paz e com contentamento. A palavra *dharma* sempre implica benefício aos outros. No conceito de *svadharma*, não há desejo pessoal.

Arjuna disse:

36 Ó Varshneya (Krishna), o que induz uma pessoa a agir mal até mesmo contra a sua própria vontade, como se fosse impelida por alguma força?

O Senhor Abençoado disse:

37 É o desejo, é a raiva, nascidos da qualidade passional (*ra-*
jas), que tudo devoram e tudo corrompem. Saiba que isso é o
inimigo neste mundo.

38 Como o fogo é encoberto pela fumaça, o espelho, pelo pó,
e o embrião, pelo útero, assim, a sabedoria é encoberta pelo de-
sejo.

39 Ó filho de Kunti (Arjuna), a sabedoria é encoberta pelo
fogo insaciável do desejo, que é o inimigo constante do sábio.

40 Dizem que os sentidos, a mente e a inteligência são a sede
[do desejo]. Por meio deles, o desejo oculta a sabedoria e ilude o
homem.

41 Por isso, ó Melhor dos Bhâratas (Arjuna), controla primei-
ramente os sentidos; extirpa esse destruidor perverso do discerni-
mento e da sabedoria.

42 Dizem que os sentidos são superiores [ao corpo], mas su-
perior aos sentidos é a mente, e superior à mente é a inteligência;
contudo, ainda superior à inteligência é o Eu (Atman).

Atman é o Espírito Supremo manifestado como Eu no indivíduo; o Eu real; a testemunha dos atos, pensamentos, emoções e sentimentos experimentados pelo ego. Brahman (*ver* verso 15) é o Eu macrocósmico, e Atman, o Eu microcósmico. No Ocidente, Atman é conhecido por alma.

Segundo Swami Radhakrishnan, este verso mostra a hierarquia dos níveis de consciência. Quando agimos sob a influência dos sentidos, somos menos livres. Ao agirmos sob a influência da mente, somos mais libertos. Se nossa mente estiver unida à inteligência (*buddhi*), seremos ainda mais livres; e conseguiremos a liberdade completa quando a inteligência estiver sob a influência do verdadeiro Eu (Atman).

43 Portanto, conhecendo o Eu, que é superior à inteligência, ó Poderoso Guerreiro (Arjuna), refreia o ego por meio do Eu, destrói esse inimigo sob forma de desejo, tão difícil de dominar.

É só pelo conhecimento que a ignorância termina. A ignorância espiritual gera desejos, e só pela vívida experiência do Eu (Atman) cessa nossa ignorância sobre ele, portanto cessam os desejos.

... assim termina o terceiro capítulo, intitulado

O caminho da ação

CAPÍTULO IV

Jnana Vibhaga Yoga
O CAMINHO DA SABEDORIA

O Senhor Abençoado disse:

1 Revelei este *yoga* eterno a Vivasvan; Vivasvan ensinou-o a
Manu, e Manu transmitiu-o a Ikshavaku.

Vivasvan é o deus Sol; **Manu**, o pai dos seres humanos; **Ikshavaku**, o chefe da dinastia solar.

2 Sendo então transmitido sucessivamente, esse conhecimento foi recebido pelos sábios reais. Porém, ó Destruidor de Inimigos (Arjuna), ao longo do tempo ele se foi perdendo no mundo.

3 Esse mesmo *yoga* imemorial estou transmitindo a ti, que és
Meu devoto e amigo; ele é um segredo supremo.

Arjuna disse:

4 Tu nasceste depois de Vivasvan. Como, então, posso entender que tenhas ensinado a ele tal sabedoria no começo dos tempos?

O Senhor Abençoado disse:

5 Muitos foram os Meus nascimentos, assim como os teus, ó Arjuna. Eu os conheço todos, mas tu não, ó Paramtapa (Arjuna).

6 Embora Eu seja não nascido, e Meu ser, imortal, e Eu também seja o Senhor de todas as criaturas, ainda assim, manifesto Minha própria natureza e nasço por meio do meu poder (*maya*).

Segundo Zimmer, ***maya*** (*ma* = formar, medir, construir) denota, em primeiro lugar, o poder de um deus ou demônio em produzir efeitos ilusórios, mudar a forma e aparecer sob máscaras enganosas. Deriva daí o sentido de "magia", a produção de ilusões por meios sobrenaturais ou, simplesmente, "o ato de produzir ilusões", como a camuflagem, na guerra. Na filosofia vedantina, *maya* é especificamente "a ilusão sobreposta à realidade como efeito da ignorância"; por exemplo: ignorantes da natureza de uma corda em meio ao caminho podem tomá-la por uma cobra. Shankaracharya descreve todo o universo visível como sendo *maya*, uma ilusão sobreposta à realidade pelos enganosos sentidos e pela mente não dominada do ser humano.

Krishna, como manifestação do Supremo, usa o envoltório da matéria e vem ao mundo por seu próprio poder e vontade, controlando *maya* e sem a imposição do *karma* (a lei de ação e reação), como ocorre com as pessoas comuns. Seu corpo material é apenas uma aparência, e não a sua verdadeira natureza.

7 Sempre que a virtude decai e o vício prevalece, ó Bhârata (Arjuna), Eu Me manifesto.

8 Para proteger os bons e destruir os maus, e para restabelecer a ordem, Eu renasço a cada era.

Nascer a cada era e restabelecer a ordem no mundo (*dharma*) é a missão dos avatares. O avatar (aquele que desce) vem para restabelecer a virtude, e com seus ensinamentos e exemplo ele mostra ao ser humano um novo patamar de vida.

9 Aquele que conhece em essência Meu nascimento e atos divinos não nascerá novamente. Quando abandonar o corpo, ó Arjuna, ele virá a Mim.

10 Livres do apego, do medo e da ira, absortos em Mim, refugiando-se em Mim, purificados pelo fogo da sabedoria, muitos alcançaram o Meu Ser.

11 Seja qual for a forma que as pessoas se aproximem de Mim, eu as acolho. Qualquer caminho que sigam, ó Partha (Arjuna), leva a Mim.

12 Aqueles que anseiam ser bem-sucedidos em suas ações no mundo oferecem sacrifícios aos deuses, pois neste mundo humano o fruto das ações é rapidamente obtido.

13 As quatro castas foram criadas por Mim de acordo com as diferentes qualidades (*gunas*) e ações. Embora Eu seja seu criador, saiba que não ajo e sou imutável.

Casta (*varna*) significa diferentes texturas de cores, matizes distintas. O manual *Yoga Sastra* atribui cores às três qualidades da natureza, os ***gunas***, que aqui são interpretados como temperamentos. Desse modo, *sattva*, a harmonia, é considerado branco; *rajas*, o dinamismo, é vermelho; e *tamas*, a inércia, é preto. Este verso procura explicar a diversidade dos temperamentos, das tendências e das vocações humanas que predominam em cada pessoa conforme os *gunas*. Com base nessas diferenças, a humanidade foi caracterizada em quatro classes (cores) como forma de agrupar as naturezas para que melhor se desenvolvam. O sistema de castas foi originalmente criado com o intuito de que todas elas cooperassem entre si e, dessa maneira, aperfeiçoassem a humanidade. Com o tempo, esse sistema foi manipulado, perdeu completamente os seus princípios e passou a estabelecer uma divisão discriminada de classes sociais que gera até hoje sofrimento e exploração humana, apesar de oficialmente esse sistema ter sido banido da constituição da Índia em 1947, pelas ações de Mahatma Gandhi.

14 As ações não Me corrompem, nem anseio por seus frutos. Aquele que Me conhece não se prende às ações.

15 Sabendo disso, os antigos que buscavam a liberação realizaram obras. Portanto, age também tu como fizeram nossos antepassados.

16 O que é ação? O que é inação? Até mesmo os sábios ficam confusos. Vou explicar-te o que é ação, e ao saber ficarás livre do mal.

17 É preciso entender o que é ação e também o que é ação imprópria e inação. É difícil compreender a natureza real da ação.

18 Aquele que reconhece inação na ação e ação na inação é sábio entre os homens. Ele é um iogue e verdadeiramente realiza todas as ações.

A verdadeira **inação na ação** significa conservar a serenidade interna e ser livre de apegos e de desejos ao agir. Igualmente, é a capacidade de poder observar-se (parar para observar-se) e perceber que se está em intensa atividade.

A **ação na inação** reconhece em si uma intensa atividade mental ou intelectual, embora o corpo esteja imóvel. É também perceber que, embora se realizem ações, não há desejo ou apego nem pela ação, nem por seus frutos.

Iogue (*yogi*), *é* aquele que pratica o *yoga* (união), que se esforça em perceber o divino nas suas ações diárias e age sem apego aos frutos das ações.

19 Aquele cujas ações são livres de desejos e propósitos pessoais, cujas obras são purificadas pelo fogo da sabedoria, a este os esclarecidos chamam de sábio.

20 Tendo abandonado o apego aos frutos das ações, sempre contente e de nada dependendo, ele não age, embora esteja sempre empenhado na ação.

21 Sem anseios, com a mente e o eu controlados, renunciando a todas as posses e agindo apenas para o [a manutenção do] corpo, ele não comete erros.

22 Aquele que está contente com tudo o que recebe, que superou os pares de opostos, que está livre da inveja, que permanece inalterável no sucesso e no fracasso, mesmo quando age, não se prende à ação.

Os **pares de opostos** – calor e frio, sucesso e derrota, bem e mal, alegria e tristeza etc. – são superados quando nos libertamos de ações movidas por desejos pessoais. O próprio desejo contém em si a oposição repulsa e atração.

23 Para aquele que rompeu os apegos e é um liberado, cuja mente está firmemente estabelecida no conhecimento e cujas obras são realizadas como sacrifício, suas ações se dissolvem completamente.

As **obras realizadas como sacrifício** referem-se às ações feitas sem interesse pessoal, mas como uma oferenda. Depois que o conhecimento é alcançado, toda a vida se torna um ato de sacrifício (*sacro-ofício*, *yajna*), um oferecimento ao Supremo. Diz-se que as ações se dissolvem porque elas produzem um único resultado, que é realizar Brahman.

24 O ato de oferecer é Brahman, a oferenda é Brahman. O fogo sacrificial é Brahman, e por meio de Brahman o sacrifício acontece. Realiza Brahman quem O percebe em todas as suas ações.

Segundo Swami Chinmayananda, este é um verso famoso, recitado por toda a Índia como oração antes das refeições.

Em geral, o **sacrifício** (*yajna*) envolve quatro fatores: a divindade invocada; o fogo no qual são colocadas as oferendas; os objetos oferecidos; e a pessoa que faz a oferenda. Aqui se fala da atitude mental e da experiência do sábio, que vê a presença de Brahman nos quatro fatores do sacrifício: a divindade, o fogo, o objeto oferecido e o ofertante são Brahman. O mesmo ocorre com os alimentos, por isso a recitação: o alimento, a oferenda e o ofertante são Brahman.

25 Alguns *yogis* oferecem sacrifícios aos deuses, enquanto outros oferecem a si mesmos como sacrifício ao fogo do Supremo.

No ritual védico, para invocar as bênçãos divinas são feitas oferendas ao **fogo** sagrado. À medida que elas queimam, bênçãos aparecem. O fogo é o símbolo da sabedoria, portanto, entregar-se ao fogo é entregar-se à Sabedoria do Supremo.

Nos versos seguintes, até o verso 30, são apresentados vários tipos de oferenda.

26 Alguns oferecem a audição e os demais sentidos ao fogo do autocontrole; outros oferecem o som e demais objetos dos sentidos aos fogos dos sentidos.

27 Alguns ainda oferecem todas as ações dos seus sentidos e as funções da força vital ao fogo do *yoga* do autocontrole, que é aceso pelo conhecimento.

28 Outros oferecem como sacrifício seus bens materiais, austeridade e exercícios espirituais, enquanto aqueles com autocontrole e votos rigorosos oferecem como sacrifício o estudo das Escrituras e o conhecimento.

29 Outros, ainda, que se dedicam ao controle da respiração, ao reter os cursos da expiração e da inspiração, oferecem como sacrifício a expiração na inspiração e a inspiração na expiração.

> Fazem parte do sistema de **controle da respiração** – chamado *pranayama* (*prana* = energia vital; *yama* = controle) – a inspiração (*puraka*), a expiração (*recaka*) e a suspensão momentânea de ar, que ocorre em seguida à inspiração/expiração (*kumbhaka*). Com esse controle, o praticante estabiliza o sentir e o pensar e consegue abandonar suas percepções errôneas e desenvolver discernimento do que é real e verdadeiro, o que auxilia na meditação. A prática do Hatha Yoga, em que o *pranayama* está inserido, favorece a estabilidade mental.

30 E outros, regrando sua alimentação, oferecem seus alentos vitais ao próprio *prana* (alento vital). Todos eles sabem o que é o sacrifício, e por seu intermédio todas as impurezas são destruídas.

31 Aqueles que comem o que sobra do alimento sagrado do sacrifício realizam o Absoluto. Este mundo não é para os que não oferecem sacrifício; que dirá o outro mundo, ó Melhor entre os Kurus (Arjuna)?

32 Assim, muitas formas de sacrifício estão descritas nas páginas dos *Vedas*. Saibas que todas nascem da ação; compreendendo isso, serás um liberado.

> ***Vedas***, as escrituras sagradas mais antigas da Índia. (*Ver* cap. 2, verso 42)

33 O sacrifício do conhecimento é superior a qualquer sacrifício material, ó Paramtapa (Arjuna). Todas as ações, sem exceção, culminam em sabedoria.

34 Saiba que, por meio de reverência, perguntas e serviço, os sábios que realizaram a Verdade te instruirão sobre esse conhecimento.

35 Quando tiveres tal conhecimento, ó Pandava (Arjuna), não cairás mais em confusão, pois com essa sabedoria verás todos os seres em ti mesmo e, portanto, em Mim.

36 Ainda que fosses o maior pecador entre os pecadores, cruzarias [a salvo] o oceano dos erros na barca do conhecimento.

> Nesta filosofia não há a ideia de que o pecador – aquele que, sem consideração e por motivos egoístas, agiu rompendo as leis que sustentam o mundo e o Universo – será condenado para sempre. A *Gita* entende que todo ser humano tem possibilidade de ser recuperado. Aquele que compreende os seus erros e passa a agir de acordo com as virtudes que o conhecimento oferece, com tempo e dedicação, eliminará suas imperfeições e resgatará o caminho de autêntica realização.

37 Como o fogo reduz a madeira a cinzas, ó Arjuna, assim também o fogo do conhecimento reduz a cinzas todas as ações.

38 Não há nada tão purificador neste mundo quanto o conhecimento. Aquele que pelo *yoga* se tornou perfeito irá encontrá-Lo dentro de si mesmo no decorrer do tempo.

39 O homem que é cheio de fé, que se devota ao conhecimento e que dominou os sentidos, obtém esse conhecimento. E, tendo-o obtido, imediatamente alcança a paz suprema.

> **Fé** (*shraddha*) é um conceito muito importante nesta tradição. Fé é a atitude interna de acreditar nos ensinamentos sagrados por convicção, fruto de sabedoria e experiência. Não é um simples acreditar ou aceitar o que os outros afirmam, e sim a certeza que vem da experiência direta com os aprendizados.

40 Mas o homem ignorante, sem fé, que tem dúvidas, perece. Para aquele que é dominado pela dúvida, não existe felicidade nem neste mundo nem no vindouro.

41 As obras não escravizam aquele que renunciou às ações pelo *yoga*, cujas dúvidas foram desfeitas pelo conhecimento e que tem poder sobre si, ó Dhananjaya (Arjuna).

> Aquele que tem **poder sobre si** mesmo é chamado de *atmavantam*. Pela prática do Karma Yoga aprende-se a renunciar ao apego, aos frutos das ações e a agir com desapego. Quando não há mais dúvida sobre esse objetivo, o Eu individual descobre que ele é o próprio Atman, a dimensão essencial de si mesmo. Então, o Eu

individual passa a viver em sua dimensão essencial – com poder sobre si –, e as ações não o prendem mais. Ele é livre.

42 Portanto, tendo cortado com a espada do conhecimento toda a dúvida do teu coração nascida da ignorância, busca refúgio no *yoga*. Levanta-te, ó Bhârata (Arjuna).

... assim termina o quarto capítulo, intitulado

O caminho da sabedoria

CAPÍTULO V

Karma Sannyasa Yoga
O caminho da renúncia à ação

Arjuna disse:

1 Ó Krishna, Tu exaltas a renúncia à ação (*sannyasa*) e também a ação (*yoga*). Dize-me, realmente, qual dos dois caminhos é o melhor?

> ***Sannyasa*** ou *tyaga* (*ver* cap. 18, versos 1 e 2) significa a renúncia da ação movida por egoísmo. ***Yoga*** é a ação livre de egoísmo, na qual cada ato é compreendido como manifestação do sagrado.

O Senhor Abençoado disse:

2 A renúncia à ação e a prática da ação (Karma Yoga), ambas levam à liberação. Mas, entre as duas, a prática da ação é superior à renúncia.

> Os dois caminhos, **renúncia** e **prática** da ação, são exercícios diferentes que necessariamente devem ser praticados. Optar por não realizar ações egoístas é um

passo, mas não agir de maneira egoísta é outro, que exige ainda mais esforço.

3 Aquele que não rejeita nem deseja deveria ser conhecido como renunciante (*sannyasin*), pois, livre dos pares de opostos, ó Mahabaho (Arjuna), ele é facilmente liberto da escravidão.

O verdadeiro **renunciante** é aquele que age de maneira desapegada, tendo o coração e a mente livres do sentimento de atração ou aversão pelos objetos e pelos frutos das ações.

Mahabaho, o de braços fortes, é o poderoso guerreiro.

4 O ignorante, não o sábio, fala do conhecimento (Samkhya) e da ação (Yoga) como distintos. Aquele que se estabelece verdadeiramente em um deles colhe os frutos de ambos.

Samkhya significa o caminho do conhecimento com renúncia das ações, e **Yoga** significa a ação reta e desapegada (Karma Yoga). Um caminho complementa o outro.

5 O estado alcançado pelo homem de conhecimento é também alcançado pelo homem de ação. Aquele que percebe que o caminho do conhecimento e o caminho da ação são o mesmo, este realmente vê.

6 Mas a renúncia à ação, ó Braços Fortes (Arjuna), é difícil de alcançar sem a prática da ação; o sábio, devotado à ação (*yoga*), rapidamente alcança Brahman.

Para poder renunciar às ações, primeiro é preciso agir. E é praticando ações sem esperar as recompensas que se exerce a renúncia.

7 Aquele que é dedicado ao caminho da ação, cuja mente está purificada, que é senhor de si mesmo e dominou os sentidos, que compreende a si próprio como o Eu em todos os seres, embora aja, ele não é contaminado pela ação.

Com a consciência no Eu, isto é, na dimensão essencial de si próprio, ele vê a importância de agir de maneira reta para o bem do mundo, mas ele mesmo não precisa mais dessas ações.

8 Aquele que está concentrado no Divino e conhece a Verdade pensa: "Eu nada faço" – embora veja, ouça, toque, cheire, coma, ande, durma, respire,

9 Fale, segure, solte, abra e feche os olhos –, convicto de que suas ações são somente fruto dos sentidos atuando em seus objetos.

10 Aquele que oferece suas ações a Brahman e as executa sem apego não é contaminado pelo erro, tal como a folha de lótus não o é pela água.

O **lótus** nasce em águas paradas e turvas, eleva bem alto o seu caule e, quando ele floresce, suas pétalas estão completamente límpidas. Essa flor é o símbolo do ser humano, que nasce numa condição de ignorância, mas, ao adquirir conhecimento e vivência, consegue se erguer até atingir a condição de plena sabedoria, em que floresce sua plena humanidade.

11 Com o fim de purificar a si mesmos, os *yogis* agem sem apego, com o corpo, a mente, o intelecto e também com os sentidos.

12 Aquele que renunciou aos frutos de suas ações alcança a paz nascida da perseverança, mas aquele que é instável e guiado pelo desejo apega-se aos frutos das ações e, portanto, permanece em servidão.

13 O habitante do corpo, que subjugou os sentidos e renunciou a todas as ações por meio do discernimento, descansa feliz na Cidade das Nove Portas, sem agir nem provocar ações.

> Renuncia às ações aquele que deixou de agir visando apenas aos resultados; age no mundo, em tudo o que seja necessário, porém, sem apego.
>
> A **porta** é sempre a abertura para a interação do interno com o externo e vice-versa. Nessa metáfora, a Cidade das Nove Portas é o corpo, com todas as suas aberturas: duas narinas, dois ouvidos, dois olhos, boca, o órgão de reprodução e o de excreção.

14 O Senhor Supremo não cria no mundo nem a atividade nem os atos, tampouco a ligação entre as ações e seus frutos. É a natureza que faz tudo isso.

15 O Senhor, que tudo permeia, não assume nem os erros nem os méritos de ninguém. O conhecimento está encoberto pela ignorância, e os seres se iludem.

> É a natureza material que provoca o encadeamento contínuo de ações e reações. O Supremo, o Absoluto, não provoca ações nem interfere nos atos dos seres. Cada um é responsável pelas ações que empreende e por seus resultados.

16 Mas, para aqueles cuja ignorância é destruída pelo conhecimento do Eu, esse conhecimento, tal qual o Sol, revela o Supremo.

17 Com a mente absorta Nele, sendo um com Ele, permanecendo Nele, tendo-O como objetivo supremo, suas impurezas são removidas pelo conhecimento, e eles alcançam um estado do qual não há retorno.

> Uma vez adquirido o conhecimento, não há mais retorno para a condição anterior, de ignorância.

18 Os sábios veem com igualdade um brâmane, dotado de conhecimento e humildade, uma vaca, um elefante, um cachorro ou um pária.

> Para o sábio, todos os seres do Universo têm a mesma essência: o Supremo dentro de si, embora se manifestem no mundo com corpos e funções diferentes.

19 Aqueles cuja mente permanece na igualdade superam o nascimento mesmo aqui neste mundo. Brahman é imaculado e o mesmo em tudo; portanto, em Brahman eles descansam.

> Só aquele que desvincula a mente da percepção dual dos sentidos e percebe o Supremo em tudo consegue a libertação aqui mesmo, neste mundo. Portanto, ele se liberta dos processos de nascimento e de morte.

20 Repousando em Brahman, com o entendimento firme e sem ilusões, aquele que conhece Brahman não se regozija com o que é agradável nem se aflige com o desagradável.

21 Com o coração desapegado dos objetos externos, ele encontra felicidade em Si mesmo. Com o coração unido a Brahman, por meio da meditação, ele desfruta eterna bem-aventurança.

22 Os prazeres que nascem dos contatos [com os objetos] são apenas fonte de sofrimento, porque têm começo e fim. Ó filho de Kunti (Arjuna), o sábio não se deleita com eles.

23 Aquele que neste mundo, antes de abandonar o corpo, é capaz de resistir aos impulsos nascidos do desejo e da raiva é um *yogi*, é um homem feliz.

O **abandono do corpo** refere-se à morte.

24 O *yogi* que é feliz consigo próprio, que se alegra interiormente e que interiormente é iluminado, ao tornar-se Brahman ele alcança a liberdade absoluta.

Das quatro metas da vida humana, *moksha* é a mais alta. É a **liberdade absoluta**, a libertação final das amarras do mundo, da ignorância, do *karma*, do ciclo de vida, da morte e do renascimento (o *samsara*), por meio da união com o conhecimento da realidade última. As outras três metas são: *artha*, o sucesso material; *kama*, o prazer de alma; e *dharma*, o dever que condiz com a natureza essencial.

25 Esses Rishis, cujos erros/pecados foram eliminados, as dúvidas dissipadas, os sentidos controlados, e estão empenhados em fazer o bem a todos os seres, obtêm liberdade absoluta.

Rishis, os sábios santos, videntes e poetas inspirados. Com uma natureza divina, diz-se que houve sete grandes Rishis, dentre outros, a quem foram revelados os *Vedas*.

26 A liberdade absoluta existe neste mundo e no vindouro para esses ascetas, que são livres de desejo e raiva, que disciplinaram sua mente e que conhecem a Si próprios.

27 Fechando-se para todos os objetos externos, fixando o olhar entre as sobrancelhas, equilibrando a expiração e a inspiração pelas narinas,

28 ... com os sentidos, a mente e o intelecto controlados, e tendo como objetivo supremo a liberação, liberto de desejo, medo e raiva, o sábio está verdadeiramente livre para sempre.

29 Conhecendo a Mim como o receptor dos sacrifícios e austeridades, o Grande Senhor de todos os mundos, o Amigo de todos os seres, ele [o sábio] alcança a Paz.

... assim termina o quinto capítulo, intitulado

O caminho da renúncia à ação

CAPÍTULO VI

Dhyana Yoga
O caminho da meditação

O Senhor Abençoado disse:

1 Aquele que cumpre seus deveres sem esperar pelos frutos das ações é um renunciante e um iogue. Diferente daquele que não alimenta o fogo sagrado e não pratica ações.

Renúncia (*sannyasa*, em sânscrito) é uma atitude interna. O **renunciante** (*sannyasin*, em sânscrito) é aquele que voluntariamente abdica de bens materiais e também renuncia a apegos conceituais. Com a mente no divino, vive internamente livre e age sempre que seus feitos sejam necessários ao mundo.

Alimentar o **fogo sagrado** é importante para todo hindu e significa fazer o ritual diário, ao amanhecer e ao entardecer, chamado *Agnihotra*, dedicado a Agni, um dos deuses mais antigos do panteão hindu. Agni se manifesta no céu como o Sol, no ar como a luz e na terra como o fogo.

2 Ó Pandava (Arjuna), saiba que o que chamam de renúncia é o mesmo que *yoga,* e ninguém pode realmente se tornar um iogue se não renunciou aos seus propósitos egoístas.

Segundo Radakrishnan, **renúncia** (*sannyasa*) é o cumprimento da ação necessária sem que se dependa de recompensas; e *yoga*, nesse contexto, é a habilidade na ação, com disciplina, autocontrole e altruísmo para unir-se ao Supremo. (*Ver* cap. 2, verso 39)

Tradutores da *Gita*, como Swami Chinmayananda, Paramahansa Yogananda, S. Radakrishnan e Eknath Easwaran, entre outros, traduzem a palavra *sankalpa* (do sânscrito) por "propósitos egoístas". Na prática, *sankalpa* é compreendido como uma resolução, um propósito interior positivo, no sentido de exercitar uma virtude que irá aprimorar a vida do praticante (*ver* verso 25).

Renunciar aos propósitos egoístas é abandonar os anseios e os desejos originados na mente, os mais difíceis de serem dominados. Quando o aspirante consegue esse domínio, ele "atinge o *yoga*" (*yogarudha*), o que, nesse contexto, significa que "se une com o Supremo".

3 Diz-se que, para o asceta que deseja alcançar a autorrealização, a ação é o caminho. E, quando ele já a atingiu, diz-se que o caminho é o repouso.

Quando o asceta já age sem apego, sem desejos e sem visar recompensas, ele passa a atuar com serenidade e paz interior; esse é o **caminho do repouso**. A ação com serenidade ou a inação, nesse contexto, são sinônimos (*ver* cap. 4, verso 18, *e* cap. 5, verso 12). De acordo com Chinmayananda, o cumprimento do dever, despido do ego, é a via indicada para o iniciante no caminho, enquanto a quietude e o recolhimento cada vez mais profundos da meditação resultam naturais para o buscador desenvolvido.

4 Quando um homem não se apega aos objetos dos sentidos nem às ações e renunciou a todos os propósitos egoístas, diz-se que ele atingiu a autorrealização.

5 O homem deve elevar-se pelo seu próprio Eu e não se rebaixar. Porque o Eu é amigo do eu, mas é também seu inimigo.

6 O Eu é amigo daquele que conquistou a si mesmo pelo Eu, porém, para aquele que não tem seu eu conquistado, o Eu lhe parece hostil como um inimigo.

Eu (Atman) é o Eu universal, eterno, essencial; a consciência plena. O **eu** é o pessoal, transitório, com desejos, apegos e aversões; agregado do corpo e dos sentidos; subjetivo.

A meta do eu é o Eu. (*Ver* cap. 3, verso 42)

Swami Chinmayananda destaca a condição de divórcio interno presente no ser humano: de um lado, o ideal, o que cada um deveria ser; do outro, o que de fato se vive, afastado do ideal, perdido em anseios pessoais. Essa diferença é a medida da distância entre o buscador e sua realização. Só aquele que percebe essa dualidade dentro de si consegue disciplinar e transmutar seu eu pessoal para entender e viver plenamente sua parte essencial. A potencialidade de autodesenvolvimento e a capacidade para sair das concepções errôneas sobre si mesmo estão sempre disponíveis e dependem apenas de que se faça uso delas.

7 Aquele que conquistou a si mesmo, que é sereno e está sempre absorto no Eu Supremo, ele mantém-se equilibrado no frio e no calor, no prazer e no sofrimento, bem como na honra e na desonra.

> Frio e calor, saúde e doença, juventude e velhice afetam sobretudo o corpo; prazer e sofrimento, amor e ódio, bondade e crueldade são decorrentes da mente e das emoções; e a honra e a desonra, julgamentos e valorações, fazem parte da esfera intelectual. Esses pares de opostos são obstáculos à quietude interna.

8 O iogue que está satisfeito com o conhecimento e a sabedoria, que é imutável e conquistou os sentidos, ele vê da mesma forma um torrão de terra, uma pedra ou ouro. Diz-se que ele é imperturbável.

> Aquele que por meio da contemplação se une com o Supremo recebe o nome de *yukta*; ele transcendeu o mundo da mente e do intelecto. Preenchido de pleno contentamento, nascido do contato com seu Eu imutável, ele vê com equanimidade todas as condições da vida.

9 Grandioso é aquele que considera igualmente os benfeitores, os amigos, os inimigos, os mediadores, os neutros, os odiosos, os parentes, os virtuosos e os injustos.

> Ele desenvolveu uma visão imparcial; seu amor e consideração não alimentam discriminações, todos são importantes. Ele descobre a unidade na diversidade, e o Universo inteiro passa a existir em seu próprio ser. Ele percebe que o que é chamado de mau é o erro, ou seja, a ação feita por engano, por ignorância.

Krishna vai falar, nos próximos versos, como o iogue deve se preparar para a meditação.

10 Que o iogue procure sempre manter sua mente concentrada [no Supremo], permanecendo só, em um lugar isolado, com a mente e o corpo controlados, livre de expectativas e posses.

A quietude interna na meditação é proporcional ao autocontrole praticado na vida cotidiana.

11 Ele deve estabelecer para si um local limpo para sentar-se, nem muito alto nem muito baixo, feito de erva kusha, pele de veado e tecido, dispostos um sobre o outro.

A erva **kusha**, comum na região do Himalaia, tem propriedades curativas e é empregada em rituais sagrados.

A **pele de veado** ou de tigre era usada como assento para proteger o praticante da meditação da friagem do solo. O **tecido**, no calor, tornava o assento mais fresco e evitava o contato direto com a pele do animal.

Krishna instrui Arjuna sobre os preparativos para meditar. Entre os cuidados necessários estão: a limpeza pessoal e do lugar; local silencioso e simples; postura firme e confortável (*asana*), que contribui para a concentração mental, o equilíbrio e a permanência na prática.

12 Ali sentado, tendo a mente concentrada em um ponto, com os pensamentos e os sentidos controlados, que ele pratique a meditação (*yoga*) para purificar o seu ser.

No contexto, a prática da meditação traduz o termo ***yoga***, do sânscrito. A meditação constante e serena, segundo os *Shastras* (textos religiosos), purifica o interior do ser ao livrar a mente de impurezas, ou seja, de agitações mentais. Com a mente pura e estável, a consciência volta-se para si mesma e redescobre sua verdadeira natureza.

13 Que ele mantenha firme, eretos e imóveis seu corpo, pescoço e cabeça, olhando fixamente para a ponta do nariz, sem desviar o olhar.

Uma postura (*asana*) adequada propicia estabilidade e serenidade ao corpo e favorece a concentração.

Na meditação, quando se tem os olhos semicerrados, é como se eles estivessem focados na ponta do nariz. O que se pretende é que haja a concentração em um único ponto.

14 Sereno, livre de temor, firme no voto de *brahmacharya*, com a mente controlada e sempre pensando em Mim, que ele permaneça sentado, equilibrado, tendo a Mim como objetivo supremo.

Brahmacharya é um dos *yamas*, a disciplina de autocontrole que consiste na continência do pensamento, da palavra e da ação. Os outros *yamas* são: não violência (*ahimsa*); verdade (*satya*); não roubar (*asteya*); e desapego (*aparigraha*). Somam-se aos *yamas* os *niyamas*, as promoções e autodisciplinas do pensamento, palavra e ação, que fazem a preparação ética da pessoa.

O praticante que por certo período exercita a meditação experimenta em sua mente quietude e paz. Esse estado sutil revela uma atmosfera de contentamento e alegria, e é nessas condições que ele pode treinar e expressar as qualidades inerentes de seu ser essencial.

15 Assim, com a mente controlada e mantendo-se sempre estável, o iogue atinge a paz, a suprema libertação que reside em Mim.

> **Suprema libertação** ou *nirvana* significa, literalmente, a "extinção da chama dos desejos". É o estado da mais alta consciência, de libertação, de iluminação. É unir-se a Brahman, o Absoluto. (*Ver* cap. 2, verso 72)

16 Em verdade, Ó Arjuna, a prática da meditação não é possível para quem come em excesso ou come muito pouco, nem para quem dorme muito ou fica sempre em vigília.

17 A prática da meditação cura todo o sofrimento daquele que é moderado no comer e no divertir-se, regrado em suas ações e comedido no sono e na vigília.

> Segundo Swami Swarupananda, o tratado *Yoga Sastra* sugere: "Metade [do estômago] para comida e condimentos, a terceira parte para água e a última parte para a livre circulação de ar".

18 Quando sua mente disciplinada descansa somente no Eu, livre do apelo de todos os desejos, então se diz que ele está em união com o Eu.

> A **união com o Eu** é a condição de *yukta*, aquele que, totalmente concentrado, uniu sua dimensão essencial com o universo inteiro. (*Ver* verso 6)

19 Como a chama colocada em um ambiente sem vento não tremula, assim se descreve um iogue, com sua mente controlada, ao praticar a união com o seu Eu.

20 Quando sua mente disciplinada pela prática da concentração atinge a quietude e vê o Eu através do eu, ele está satisfeito em seu próprio Ser.

21 Quando o iogue experimenta essa felicidade suprema, que pode ser alcançada pela inteligência, e transcendeu os sentidos, estabelecendo-se em seu próprio Ser, ele nunca mais se desvia da Realidade.

> A percepção do Supremo se dá além dos sentidos. Quando se está em meditação, a mente fica profundamente concentrada, e os sentidos se aquietam. Com a mente serena, *buddhi* (a inteligência, a intuição) se manifesta, e o Eu é alcançado, realizado. (*Ver* cap. 3, verso 42)

22 Obtendo essa felicidade, para ele nada é superior a esse tesouro, e aí estabelecido ele não se perturba nem mesmo pelo maior sofrimento.

23 Saiba que essa ruptura de toda a relação com a dor chama-se *yoga*. Esse *yoga* deve ser praticado com determinação e ânimo imperturbável.

> A **ruptura de toda a relação com a dor** não significa ficar insensível a ela, mas sim saber encará-la com calma e coragem, entendendo que a dor faz parte da experiência do viver e é grande fonte de aprendizado.

24 Abandonando sem exceção todos os desejos nascidos das fantasias, e controlando por meio da mente todos os sentidos, de todos os lados.

25 Mantendo o intelecto firme, que o iogue gradativamente adquira quietude e, com a mente estabelecida no Eu, que ele não pense em nada mais.

No exercício do autocontrole, a postura mental afirmativa é mais saudável e mais propícia ao nosso cérebro do que a negativa. Diante do propósito de abandonar os desejos, por exemplo, optamos pela afirmação "Vou exercitar o desapego diante do desejo de possuir objetos que me atraem" em lugar de dizer "Não vou me apegar ao desejo...".

26 Onde quer que a mente volúvel e instável vagueie, dali mesmo, que ele a refreie e a traga de volta sob o controle do Eu.

27 Em verdade, a suprema felicidade chega a esse iogue cuja mente está calma, cujas paixões foram aquietadas, que é livre de tentações e se tornou *um* com Brahman.

28 Desse modo, o iogue livre de imperfeições, que conserva sua mente sempre empenhada na união, facilmente desfruta de felicidade infinita no contato com Brahman.

29 Com a mente harmonizada pela prática da meditação, ele vê o mesmo por toda parte; ele vê o Eu em todos os seres e todos os seres no Eu.

30 Aquele que Me vê em todas as coisas e vê todas as coisas em Mim, ele nunca estará separado de Mim, e Eu nunca me separarei dele.

31 O iogue que está sempre em união, que Me adora em todos os seres, ele vive em Mim, qualquer que seja o seu modo de vida.

Segundo Radakrishnan e Swami Chinmayananda, Krishna tenta mostrar a realidade, positiva e dinâmica, que é atingida quando a mente e o intelecto são transcendidos. Deus não é mais uma vaga aspiração, mas uma realidade vívida, um contato real. Agora, o praticante tem a experiência, de fato, do princípio supremo e percebe em todas as coisas a essência e a origem delas, que está além das aparências.

32 Aquele, ó Arjuna, que vê com igualdade o prazer e o sofrimento em toda parte, como vê em si mesmo, é considerado um iogue perfeito.

Com a mente calma em qualquer situação, o praticante chega ao estágio de consciência de sentir também os sofrimentos e as alegrias dos outros e, assim, compreende que o bem que deseja para si deseja também para o seu semelhante, pondo em prática a máxima: faça aos outros o que deseja que façam para si.

Arjuna disse:

33 Eu não compreendo como esse *yoga* da estabilidade [mental] ensinado pelo Senhor, ó Madhusudana (Krishna), pode se manter estável, considerando-se que a mente é inquieta.

Yoga: *ver* verso 12.

34 Pois a mente é agitada, volúvel, obstinada e irascível, ó Krishna. Penso que é tão difícil de controlá-la como o vento.

O Senhor Abençoado disse:

35 Sem dúvida, ó Mahabaho (Arjuna), a mente é agitada e difícil de controlar, porém, pela prática constante, ó filho de Kunti (Arjuna), e pelo desapego, ela pode ser controlada.

36 Concordo que a meditação é difícil de realizar por quem não tem autocontrole, mas o autocontrolado pode alcançá-la com esforço e os meios adequados.

Arjuna disse:

37 Qual será o fim, ó Krishna, daquele que tem fé mas é incapaz de se controlar, cuja mente vagueia e que não consegue atingir a perfeição na meditação?

38 Sem apoio, desiludido e com dificuldade em ambos os caminhos para chegar a Brahman, não se perderá ele como uma nuvem dissipada?

A frase **ambos os caminhos** faz alusão à direção do conhecimento e da ação correta.

39 Ó Krishna, peço que dissipes completamente essa minha dúvida, porque ninguém além de Ti pode desfazê-la.

O Senhor Abençoado disse:

40 Ó Partha (Arjuna), nem neste mundo nem no vindouro há ruína para ele. Na verdade, aquele que se empenha para o bem, ó meu filho, não cai em aflição.

Um mestre sempre trata seu discípulo como filho. Radhakrishnan, citando o mestre Eckhart, diz: "Se você não falhar na intenção, mas somente na capacidade, você, na visão de Deus, fez tudo".

Nos próximos versos, Krishna vai descrever como renasce aquele que se esforçou mas não alcançou a libertação.

41 Tendo alcançado [após a morte] os mundos dos justos e vivido ali por anos incontáveis, aquele que não foi plenamente bem-sucedido no *yoga* renasce em um lar puro e próspero.

42 Ou ele pode nascer em uma família de sábios iogues. Na realidade, um nascimento como esse é muito difícil de obter-se neste mundo.

43 Ali ele resgata o conhecimento adquirido em sua vida anterior e se empenha ainda mais para atingir a perfeição, ó filho de Kurus (Arjuna).

44 Pela prática realizada em sua vida anterior ele é impelido, independentemente de sua vontade. Mesmo aquele que somente deseja conhecer o *yoga* vai mais além que o praticante dos rituais védicos.

As ações espirituais de uma **vida anterior** não se perdem e irão delinear o curso da nova vida.

Os rituais são importantes, mas não suficientes para quem pretende a autorrealização. Segundo Yogananda, o praticante que segue o caminho espiritual não fica satisfeito só com os rituais externos; ele busca o conhecimento da meditação – primeiro na teoria e depois na prática – para aprender a entrar em contato com o Supremo.

45 Mas o iogue que se esforçou com diligência, purificado dos erros e que gradualmente tornou-se perfeito após muitos nascimentos, ele atinge a meta suprema.

Mesmo que o praticante falhe em alcançar a meta da perfeição nesta vida, seu esforço e aprendizado permanecerão com ele após a morte e o ajudarão em seu progresso, nas próximas vidas, até que atinja o objetivo. "Nada feito com intenção espiritual é perdido", afirma Gandhi.

46 Diz-se que o iogue é superior aos ascetas e aos homens de conhecimento. Ele é superior, também, aos homens de ação, portanto, ó Arjuna, seja um iogue.

Segundo Eknath Eswaran, Krishna diz a Arjuna que a pessoa que medita é superior às que fazem disciplinas ascéticas. Um exemplo disso é Buda, quando provou que praticar ascetismos e jejuns rigorosos para dominar os sentidos não levam à iluminação. O caminho é tratar o corpo com sabedoria, provendo suas necessidades e gentilmente negando o que não é necessário. Krishna considera que o caminho do conhecimento não é suficiente e que a meditação conduz a uma sabedoria gradual, consistente, que leva o praticante a ser um sábio ao desenvolver um modo superior de conhecimento. Krishna também diz que o caminho da ação desapegada sem meditação pode levar a distorções.

47 Porém, dentre todos os iogues, aquele que Me adora e que cheio de fé tem o seu ser imerso em Mim, Eu o considero o mais devoto.

O iogue, o praticante, que tem antes de tudo devoção, amor e se entrega confiante à dimensão essencial e divina, é o mais estimado, segundo Krishna, porque pelo amor chega-se diretamente à experiência do sublime.

... assim termina o sexto capítulo, intitulado

O caminho da meditação

CAPÍTULO VII

Jnana Vijnana Yoga
YOGA DO CONHECIMENTO E DA SABEDORIA

O Senhor Abençoado disse:

1 Ouça agora, ó Partha (Arjuna), como, praticando *yoga* com a mente fixa em Mim e tendo a Mim como refúgio, sem dúvida Me conhecerás totalmente.

Yoga aqui se refere à abrangência desse conceito que vem sendo abordado nos capítulos anteriores. *Yoga* como a ação livre de egoísmo, sem apego aos frutos das ações; a prática da meditação; o perceber a manifestação do divino, do sagrado, nas ações diárias e o exercitar a união com o Supremo (*Ver* cap. 5, verso 1, *e* cap. 6, versos 1 e 12).

2 Vou revelar-te por completo esse conhecimento unido à sabedoria, e, tendo-o adquirido, nada mais restará para ser aprendido neste mundo.

Conhecimento, em sânscrito, *jnana*, é a instrução lógica do divino, da realidade última, o conhecimento de que Atman e Brahman são um. (*Ver* cap. 3, versos 15 e 42)

Sabedoria (*vijnana*) é o mais alto estado de realização espiritual que a alma iluminada vivencia, em que tudo no Universo é manifestação de Brahman, a realidade última. Krishna afirma que, adquirindo-se esses saberes, nada mais há a aprender neste mundo.

3 Entre milhares de homens, poucos talvez se esforcem em alcançar a perfeição. Mesmo entre aqueles que se empenham, poucos são os que Me conhecem de verdade.

4 Terra, água, fogo, ar, éter, mente, intelecto, ego – essas são as oito divisões de minha natureza material (*prakriti*).

Estes oito elementos – formas materiais em que a natureza cósmica se manifesta –, são chamados em sânscrito de: *bhumi* (terra); *apas* ou *jala* (água); *anala* (fogo); *vayu* (ar); *kha* ou *akasha* (éter); *manas* (mente); *buddhi* (entendimento, intelecto); e *ahamkara* (o senso do eu, o ego).

5 Essa é minha natureza inferior. Mas, ó Braços Fortes (Arjuna), conheça minha outra natureza, a superior, o espírito interno que sustenta este mundo.

Krishna menciona dois aspectos da realidade e chama a **natureza inferior** de *prakriti* – a matéria, o aspecto visível, finito, mortal; e a **natureza superior** de *paraprakriti* – a natureza perfeita, a primorosa mãe ou *shakti*, a energia divina que cria o Universo.

6 Saiba que essas duas naturezas são o ventre do qual nascem todos os seres. Portanto, Eu sou a origem e a dissolução de todo o Universo.

7 Não há nada superior a Mim, ó Dhananjaya (Arjuna). Tudo está amarrado em Mim, como as pedras de um colar presas no fio.

8 Eu sou o sabor nas águas, ó filho de Kunti (Arjuna). Sou a luz na Lua e no Sol, sou a sílaba Aum em todos os *Vedas*, sou o som no espaço e a virilidade nos homens.

> **Aum** (pronuncia-se Om) é a sílaba sagrada que representa o som primordial do Universo. Símbolo de Brahman, Deus, em geral é invocada no início e no fim das Escrituras Sagradas, bem como nas orações e nos textos místicos.
>
> ***Vedas***, as escrituras sagradas mais antigas da Índia. (*Ver* cap. 2, verso 42)
>
> Do verso 8 ao 11, Krishna mostra que em todas as coisas ele é a parte essencial, divina.

9 Eu sou a doce fragrância na terra e o brilho no fogo. Sou a vida em todos os seres e a austeridade nos ascetas.

10 Saiba, ó Partha (Arjuna), que Eu sou a semente eterna em todos os seres. Sou a inteligência dos inteligentes, o esplendor do esplêndido.

11 Sou a força do forte, isento de desejo e apego, e em todos os seres sou a vontade que não contraria a lei universal, ó Melhor entre os Bhâratas (Arjuna).

> **Lei universal** *(dharma)* significa "aquilo que agrega": norma, regra da natureza, da ação e da vida, lei universal, dever, retidão. É a constituição mais profunda;

a lei de sua essência interior. É agir de acordo com a verdadeira natureza de cada um, com o que faz possível a vida e o universo. Conhecer o próprio *dharma* é descobrir o motivo de estar no mundo.

12 Saiba que tudo procede de Mim com suas qualidades de equilíbrio, atividade e inatividade. Eu não estou nelas, contudo, elas estão em Mim.

Tudo inclui todos os seres e objetos existentes. O aparente paradoxo "Eu não estou nelas, contudo, elas estão em Mim" ressalta que a relação entre as qualidades da matéria e do espírito não são de causa e efeito. A matéria é um reflexo do espírito, como em um filme. Segundo Paramahansa Yogananda, o jogo de luz e sombra dá a impressão de que o filme, com seus personagens desenvolvendo uma história, são reais, quando de fato são apenas imagens. O que é realidade é a luz. Assim, o próprio Universo é uma projeção de luz e sombra. Tudo vem do Absoluto.

As três **qualidades** *(gunas)* inseparáveis da natureza: equilíbrio *(sattva)*, atividade *(rajas)* e inatividade *(tamas)*.

13 Iludido por essas três qualidades da natureza, este mundo inteiro não reconhece que estou acima delas e que sou imutável.

14 Na verdade, é difícil superar minha divina ilusão constituída pelas qualidades [*gunas*]. Mas aqueles que tomam refúgio somente em Mim ultrapassam essa ilusão.

Divina ilusão, *maya*, em sânscrito. A própria imagem do deus é uma ilusão; a realidade dele está por trás ou além da aparência da matéria, com suas formas e imagens. Desenvolvendo-se uma percepção mais profunda, além das formas físicas, é possível ver o original, o Supremo, o Real.

15 Os malfeitores, os iludidos e os piores entre os homens, cujo discernimento foi privado por suas próprias ilusões e que seguem os caminhos dos demônios, estes não Me procuram.

Os **demônios** (Asuras) são uma classe de seres divinos que agem por vezes com discernimento, mas por vezes com ignorância. Na literatura, são considerados como deuses inferiores e, quando movidos por desejos, atuam como inimigos das deidades.

16 Quatro tipos de homens virtuosos me adoram ó Arjuna, ó Melhor entre os Bhâratas: os aflitos, os que buscam conhecimento, os que buscam riqueza e os sábios.

17 Destes, os sábios, sempre firmes e em constante devoção ao Uno, são os melhores. Sou extremamente querido por eles, e eles são queridos por Mim.

18 De fato, todos são nobres, mas considero o sábio como o Meu próprio Eu. Com a mente firme ele permanece unicamente em Mim, como seu objetivo supremo.

19 Ao fim de muitos nascimentos o homem sábio toma refúgio em Mim, compreendendo que tudo é Vasudeva [o Ser profundo]. Uma alma tão grandiosa é muito difícil de encontrar.

Vasudeva, o Senhor do Universo, manifesta-se em todos os seres. Também é um epíteto de Krishna. Na lenda mitológica, Vasudeva é o pai de Krishna e irmão de Kunti, a mãe dos Pandavas.

20 Aqueles cujo discernimento foi ofuscado por desejos devotam-se a outros deuses e seguem outros rituais, movidos por sua própria natureza.

21 Qualquer forma [divindade] que o devoto escolha para reverenciar com fé, Eu torno a sua fé inabalável.

22 Possuído por essa fé, ele venera essa forma [divindade], e por meio dela seus desejos são realizados. Na verdade, tudo isso é concedido somente por Mim.

23 No entanto, é limitado o fruto obtido por essas pessoas de pouco entendimento. Aqueles que adoram aos deuses vão para os deuses, mas os que Me adoram vêm a Mim.

> Há uma distinção entre o Senhor Supremo e os deuses em geral. Apesar de os deuses terem uma vasta capacidade de atuação, eles são limitados e respondem aos pedidos dos praticantes dentro de suas possibilidades. Aqueles que se dedicam a alimentar sua relação com o Supremo, estes se aproximam diretamente Dele e se unem a Ele. (*Ver* cap. 6, verso 14)

24 Os tolos pensam em Mim, o Não Manifesto, como sendo manifesto. Desconhecem minha natureza suprema, imutável e inigualável.

25 Oculto pela divina ilusão (*maya*), Eu não Me manifesto a todos [em minha real natureza]. Este mundo iludido nada sabe sobre Mim, o não nascido, o imperecível.

Para ver a Realidade, os olhos do discernimento e da percepção mais profunda têm de estar despertos, (*Ver* verso 14)

26 Eu conheço os seres do passado, do presente e do futuro, contudo, ó Arjuna, ninguém Me conhece.

27 Ó Bhârata (Arjuna), Destruidor de Inimigos, todos os seres, ao nascer, caem em ilusão causada pelos pares de opostos originados do desejo e da aversão.

28 Mas os virtuosos, cujos erros terminaram e estão libertos das ilusões dos pares de opostos, adoram-Me com firme resolução.

29 Aqueles que se esforçam para se libertar da velhice e da morte refugiam-se em Mim. Eles compreendem Brahman, todo o conhecimento do Ser individual e todas as ações.

Brahman, o princípio do Universo, de cuja essência tudo emana, é o Supremo, o Absoluto, o Espírito Universal, a Plenitude.

O **Ser individual** (Adhyatma*)* é a essência do Absoluto percebida dentro de cada um.

30 Aqueles que Me conhecem como o governante do mundo material, do mundo divino e de todos os sacrifícios, tendo a mente firme, eles Me conhecerão até mesmo na hora da morte.

O **mundo material** (Adhibhuta) é a base da criação, de natureza mutável, enquanto o **mundo divino** (Adhidaiva) é o reino dos deuses, da alma cósmica.

Todos os sacrifícios (Adhiyajna) são os atos sacrificiais, sagrados, que aproximam do Absoluto.

O praticante que chegou à realização compreende as nuances da mente, a natureza de todas as atividades, e descortina-se para ele a realidade de que não somos apenas o nosso corpo limitado e mortal. Somos de fato uma natureza imortal e eterna, cuja essência é de bem-aventurança.

... assim termina o sétimo capítulo, intitulado

Yoga do conhecimento e da sabedoria

CAPÍTULO VIII

Akshara Brahma Yoga
O caminho para o Brahman imortal

Arjuna disse:

1 Ó melhor entre os homens, o que é Brahman (o Absoluto), o que é Adhyatma (a natureza essencial), o que é *karma* (a ação)? O que é o chamado Adhibhuta (o reino físico), e o que vem a ser Adhidaiva (o reino divino)?

Krishna responde nos próximos versos às questões existenciais de Arjuna.

Segundo Radakrishnan, a resposta às perguntas "o que está presente na natureza essencial (Adhyatma)? O que está presente no reino divino (Adhidaiva), no sacrifício (Adhiyajna), em todos os seres (Adhibhuta)?" é que o Espírito Supremo permeia todos os seres criados, todos os sacrifícios, todas as divindades, todas as ações que perfazem as variadas expressões do Supremo.

2 Ó Madhusudana (Krishna), quem e como é Adhiyajna (a divindade do sacrifício) aqui neste corpo? E como, na hora da morte, o Senhor será conhecido por aquele que tem autocontrole?

> **Adhiyajna** é uma referência ao deus Vishnu, o que conserva o Universo criado e suas encarnações como Rama, Krishna ou outro avatar (ser divino materializado na Terra).

O Senhor abençoado disse:

3 Brahman é o imperecível, o Ser Supremo. Habitando em cada corpo, Brahman é chamado Adhyatma (a natureza essencial). A força criadora que gera e sustenta os seres é chamada ação (*karma*).

> **Adhyatma**, a natureza essencial, o supremo Atman, o Supremo Ser. A essência do Absoluto percebida dentro de cada um. Segundo Shankaracharya, "é o princípio que permeia todos os corpos com sua essência".

> ***Karma*** **(ação)**, no contexto, faz referência a todas as atividades mundanas e espirituais que produzem resultados bons ou ruins.

4 Os elementos físicos (Adhibhuta) constituem minha natureza perecível, e o Espírito Universal (Adhidaivata) constitui o Ser Supremo. Eu mesmo, aqui neste corpo, sou a divindade que preside os sacrifícios (Adhiyajna), ó Melhor dos Seres Encarnados (Arjuna).

> **Adhibhuta** é o reino físico, o plano de todos os seres criados, de natureza mutável e impermanente.

Adhidaiva (Adhidaivata) é o reino divino, que governa o macrocosmo, o microcosmo e a alma cósmica.

Adhiyajna é a ação de Krishna em tornar um ato sagrado.

5 E quem, na hora da morte, pensar somente em Mim parte deixando o corpo e vem a Mim. Sobre isso não há dúvida.

6 Quem, no fim da vida, no momento de deixar o corpo, pensa em algum ser, ó Kaunteya (Arjuna), a esse ser ele vai, por pensar nele constantemente.

Segundo a filosofia Vedanta, o último pensamento antes de morrer vai direcionar o próximo passo na existência do ser – ou para um futuro renascimento, ou para a liberação dos renascimentos e imersão no Supremo. Na hora da morte, a meditação e a devoção ajudam a manter a mente focada no Supremo.

7 Portanto, lembra-te de Mim todo o tempo e luta. Tendo tua mente e entendimento (***buddhi***) fixos em Mim, tu certamente virás a Mim.

Krishna orienta Arjuna para que cumpra bem o seu dever nas atividades diárias. Com a mente focada em *buddhi*, o discernimento e a intuição, ele perceberá a presença do divino, do essencial em tudo.

8 Ó Partha (Arjuna), o Ser Supremo é alcançado pela prática constante da meditação, pela mente imperturbável e pelo pensamento firme Nele.

9 Aquele que medita no Onisciente, no Venerável, no Soberano, que é menor que um átomo, que sustenta tudo, cuja forma é inconcebível, fulgurante como o Sol, e está além das trevas (ignorância),

> **Onisciente**, **Venerável** e **Soberano** são atributos de sabedoria do Ser Supremo.

10 ... este, no momento da morte, tendo a mente imóvel e cheia de devoção e, pelo poder do *yoga*, concentra totalmente o alento vital entre as sobrancelhas, ele atinge o divino Ser Supremo.

11 Vou te descrever em breves palavras aquilo que os conhecedores dos *Vedas* chamam de Imperecível, ao qual chegam os ascetas livres de paixões e que, para atingir tal objetivo, praticam a vida de *brahmacharya*.

> ***Brahmacharya*** é uma das disciplinas de autocontrole – *yama*. (*Ver* cap. 6, verso 14)

12 Fechadas todas as portas dos sentidos, com a mente concentrada no coração, retendo na cabeça o alento de vida, comprometido na prática da concentração (*dharana*),

> A concentração, ***dharana***, é o exercício no caminho da meditação, que consiste em "fechar" os sentidos para os estímulos do mundo exterior e se "abrir" para a percepção interior por meio da atenção fixa em um determinado ponto, por exemplo, entre as sobrancelhas. Os conflitos da dualidade são abandonados a partir da percepção de uma vida mais plena, em que se amplia uma consciência universal.

13 ... pronunciando o monossílabo Om, o símbolo de Brahman, e lembrando de Mim na hora da partida, ao deixar o corpo, ele atinge a meta suprema.

Este verso tem uma afirmação fundamental para o momento em que o ser humano deixa esta vida, morre. Nesse momento, se a pessoa estiver completamente concentrada em Brahman, Deus, ela chega a Ele e se torna *um* com Ele.

14 Alcança-me com facilidade, ó filho de Pritha (Arjuna), o *yogi* disciplinado, que não tem outro pensamento e que diariamente, sem cessar, lembra-se de Mim.

15 Essas grandes almas que vieram a Mim não voltam a renascer nesta vida passageira, sede de sofrimento, porque elas alcançaram a perfeição suprema.

16 Ó Arjuna, o mundo de Brahma e todos os mundos abaixo dele estão sujeitos ao renascimento, mas, para aqueles que chegaram até Mim, ó Kaunteya (Arjuna), não há mais renascimento.

Brahma: *ver* cap. 3, verso 15.

Os mundos *(lokas)* apontam para a divisão do Universo em reinos, que em geral têm três divisões básicas: Céu, Terra e Inferno (ou mundo subterrâneo). No hinduísmo são citados sete ou oito mundos: a Terra, onde os seres humanos vivem; o espaço entre a Terra e o Sol, onde vivem seres mais conscientes e com poderes; o Céu de Indra, o deus do firmamento e das chuvas que fertilizam a terra; a morada de grandes sábios; a morada dos filhos de Brahma; o reino onde moram os Vairajas (os primeiros deuses); e o reino de Brahma, o deus criador de todo o Universo. Quem alcança esse último reino, por ter sua consciência plenamente desenvolvida, não precisa mais renascer.

17 Aqueles que sabem que o dia de Brahma tem a duração de mil eras (*yugas*) e que a noite dura outras mil eras, estes conhecem o dia e a noite.

Eras (*yugas*) são as idades do mundo. Referem-se às quatro idades do mundo cujo tempo é contado em anos divinos, que devem ser multiplicados por 360 para se obter a soma dos anos humanos. Cada era cósmica começa com a "alvorada" e conclui com o "crepúsculo", de mesma duração. Em termos humanos, as eras mostram quanto de virtudes e nobres valores são vividos em cada idade. As quatro eras são: Krita (Satya-Yuga), a idade de ouro, em que todas as ações (4/4) são virtuosas, que dura 1.728.000 anos; Treta-Yuga, a idade de prata, em que 3/4 das ações são virtuosas e 1/4 são não virtuosas, que dura 1.296.000 anos; Dvapara-Yuga, a idade de bronze, em que 2/4 das ações são virtuosas e 2/4, não virtuosas, que dura 864.000 anos; e Kali-Yuga, a idade de ferro, em que 1/4 das ações são virtuosas e 3/4, não virtuosas, que dura 432.000 anos.

A somatória das quatro eras resulta em 4.320.000 anos humanos ou 12 mil anos divinos, que são chamados de *maha-yugas*, ou "grandes eras". Mil *maha-yugas* são o mesmo que um dia na vida de Brahma, e outros mil *maha-yugas* são o mesmo que uma noite de Brahma. Um dia de Brahma recebe o nome sânscrito de *kalpa*, e uma noite de Brahma é outro *kalpa*. No dia de Brahma todo o universo se manifesta, e na noite de Brahma todo o universo deixa de se manifestar, é reabsorvido. Um *kal-*

pa – um dia de Brahma –, equivale a 4.320.000.000 de anos humanos.

18 Ao raiar do dia, todas as coisas manifestadas procedem do não manifestado e, com o chegar da noite, tudo se funde naquilo que é chamado o Não Manifesto.

Os versos 17 e 18 personificam a evolução, a manifestação da criação, o dia de Brahma, e a involução, a não manifestação, o descanso, a noite de Brahma.

19 Essa mesma multidão de seres que renasce repetidas vezes se dissolve [no Não Manifesto], inevitavelmente, ao chegar a noite, ó Partha (Arjuna), e se manifesta novamente com a chegada do dia.

20 Mas, acima desse Não Manifesto, há outro Ser Não Manifesto, que é eterno e não perece quando todos os seres perecem.

O **outro Ser Não Manifesto** alude a Brahman, o Supremo, o Princípio.

21 O que é chamado de Não Manifesto e Imperecível é descrito como a meta suprema. Quem a ela chega jamais retorna (não renasce). Essa é a minha morada suprema.

22 Ó filho de Pritha (Arjuna), o Eu Supremo no qual todos os seres habitam e que permeia tudo pode ser alcançado por meio de uma devoção inabalável.

23 Agora, ó Melhor entre os Bhâratas (Arjuna), vou revelar-te o momento em que os *yogis* partem para não mais voltar, e também o momento em que partem para retornar (renascer).

24 Fogo, luz, dia, a quinzena brilhante, os seis meses em que o Sol passa pela região Norte; seguindo esse caminho na hora de partir, os que conhecem Brahman chegam a Brahman.

A **quinzena brilhante** indica a lua crescente.

25 Fumaça, noite, a quinzena escura, os seis meses em que o Sol passa pela região Sul; seguindo esse caminho na hora de partir, o *yogi* chega à luz lunar e retorna (renasce).

A **quinzena escura** refere-se à lua minguante.

Segundo Swarupananda, é difícil definir o significado dos versos 24 e 25. Eles podem se referir às esferas celestes ou a estados de consciência. **Fogo** simboliza o desenvolvimento de um estado de iluminação e renúncia, e **fumaça** simboliza o crescimento do estado de ignorância e apego.

26 Esses dois caminhos, de luz e de escuridão, são considerados os caminhos eternos do mundo. Seguindo um, ele vai e não volta mais e, seguindo o outro, ele retorna.

A vida é uma escolha entre **luz** e **escuridão**, sabedoria e ignorância. Cada um escolhe seu caminho: o que leva à liberação, à sua fonte – no qual não há necessidade de renascer porque já se entendeu o real significado da vida –, ou o caminho em que a ignorância ainda é alimentada e, consequentemente, será preciso renascer para continuar o aprendizado do significado da vida.

27 Conhecendo esses caminhos, ó Partha (Arjuna), o *yogi* não se engana. Portanto, ó Arjuna, em todos os tempos, mantém-te firme no *yoga*.

28 O *yogi* que conhece esses dois caminhos transcende todas as recompensas consideradas como advindas do estudo dos *Vedas*, de sacrifícios, de austeridades e de atos de caridade. Ele atinge a suprema morada primordial.

O iogue que escolhe o caminho da luz, que consegue permanecer com o pensamento constantemente no Divino e chega a alcançar a sua **morada primordial**, o Ser Supremo, está mais além do estudo das Escrituras, dos sacrifícios, das contenções e mesmo da caridade.

... assim termina o oitavo capítulo, intitulado

O caminho para o Brahman imortal

CAPÍTULO IX

Raja Vidya Raja Guhya Yoga
O CAMINHO DA CIÊNCIA SUPREMA E DO MISTÉRIO SUPREMO

O Senhor Abençoado disse:

1 A ti, que não age com maus pensamentos, vou agora declarar este grande segredo, o conhecimento mais profundo combinado com a experiência; ao adquirir esse conhecimento, ficarás livre do mal.

2 Ele é a ciência soberana, o segredo soberano, o purificador supremo; ele é compreendido pela percepção direta, é dotado de retidão, fácil de praticar e imperecível.

3 Os homens que não têm fé neste caminho, ó Paramtapa (Arjuna), não chegam a Mim e retornam para o caminho repleto de morte e renascimento.

> Ter fé (*ver* cap. 4, verso 39) nesse caminho (*dharma*) significa agir com retidão, com virtude, conforme a verdadeira essência.

Já o caminho contínuo de nascimento, morte e renascimento (*samsara*) é o ciclo ao qual todo ser humano estará sujeito enquanto viver na ignorância e não tiver fé no Absoluto, nem capacidade de alcançá-Lo. O primeiro passo para isso é ter fé e aceitar o Divino em si.

4 Todo este mundo é permeado por Mim em minha forma não manifestada; todos os seres existem em Mim, mas Eu não existo neles.

5 Nem os seres [na Realidade] existem em Mim. Atente para o mistério do Meu *yoga* divino! Eu sou a origem e o sustentáculo de todos os seres, mas Eu não estou neles.

6 Assim como o vento poderoso, que se move para todos os lados, sempre está no espaço (*akasha*), assim também todos os seres estão em Mim.

Akasha, o espaço, o éter, o mais sutil dos cinco elementos da natureza (terra, água, fogo, ar e éter). A substância que preenche e permeia todo o universo. Segundo alguns estudiosos, nele estão armazenados todos os conhecimentos do passado, do presente e do futuro. É o veículo da vida e do som. Na psicologia de Jung, corresponderia ao inconsciente coletivo.

7 Ó filho de Kunti (Arjuna), no fim de um ciclo, todos os seres são absorvidos em minha natureza material. E, no começo de outro ciclo, Eu os envio novamente.

Ciclo (*kalpa*) relaciona-se com a idade do mundo, o dia e a noite na vida de Brahma, o período que compreende mil eras cósmicas (*maha-yugas*) para cada dia e outras mil eras cósmicas (*maha-yugas*) para cada noite de Brahma. (*Ver* cap. 8, verso 17)

8 Sob o poder da minha natureza material (*prakriti*) Eu envio continuamente essa vasta multidão de seres que, impotentes, são impelidos pela força da natureza.

9 Ó Conquistador de Riquezas (Arjuna), essas ações [de criação e dissolução] não Me prendem. Mantenho-Me neutro, desapegado de todas elas.

10 Sob minha orientação a natureza (*prakriti*) gera tudo o que é animado e inanimado. Por esse motivo, ó filho de Kunti (Arjuna), o mundo continua girando.

11 Os iludidos Me desprezam quando apareço em forma humana, sem saber de minha natureza superior como o grande Senhor das criaturas.

12 Desprovidos de entendimento, com aspirações, ações e conhecimentos vãos, eles estão possuídos pela natureza enganosa dos Rakshasas (seres impuros, passionais) e Asuras (seres de ignorância).

Rakshasas (ogros) são seres impuros e passionais, segundo a *Gita*. Na mitologia hindu, são seres com características boas e más, guerreiros com habilidades mágicas e de ilusionismo.

Asuras são seres de ignorância, segundo a *Gita*. (*Ver* cap. 7, verso 15)

Segundo Radhakrishnan, os Rakshasas são dominados pela inércia (*tamas*) e cometem atos de crueldade, e os Asuras são dominados pela atividade (*rajas*), com tendências de ambição e ganância.

13 Mas, ó Partha (Arjuna), aqueles de grande alma, que compartilham de Minha natureza divina e sabem que sou a origem inesgotável de todos os seres Me adoram, com a mente concentrada em Mim.

14 Sempre Me glorificando, esforçando-se, permanecendo firmes em seus votos e prosternando-se diante de Mim com inabalável devoção, eles Me adoram.

15 Outros, ainda, ao oferecer sacrifícios de conhecimento, reverenciam-Me – o multiforme, o onividente – como uno, como distinto e como múltiplo.

16 Eu sou o rito védico (*kratu*), o sacrifício (*yajna*), a oferenda aos antepassados (*svadha*), as ervas medicinais (*ausadha*), o canto sagrado (mantra). Eu sou também a manteiga clarificada, o fogo e a oferenda.

O verso menciona vários tipos de **oferendas** que são colocadas gradativamente no fogo, que é o elemento purificador, para ser oferecidas ao divino. Durante o ritual há sempre o canto sagrado, ou seja, há sempre a invocação de mantras. Os sacrifícios védicos são interpretados como uma oferenda de nossa natureza interior ao Ser Universal.

17 Eu sou o pai deste mundo, a mãe, o sustentáculo, e o avô; sou o objeto a ser conhecido, o purificador, a sílaba Om, e também sou o *Rig*, o *Sama* e o *Yajur* [*Vedas*].

> ***Vedas*** são as escrituras sagradas mais antigas da Índia. (*Ver* cap. 2, verso 42)

18 Eu sou a meta, o sustentáculo, o senhor e a testemunha, a morada, o refúgio e o amigo, a origem e a dissolução, o alicerce, o provedor e a semente imperecível.

19 Ó Arjuna, Eu dou o calor, envio e retenho a chuva, Sou a imortalidade e também a morte, sou a existência e a não existência.

20 Os conhecedores dos três *Vedas*, que bebem o néctar (*soma*) e são purificados do mal, adoram-Me por meio de sacrifícios, oram para ir ao Céu. Eles alcançam o mundo sagrado do Senhor dos deuses (Indra) e desfrutam, no céu, dos prazeres divinos dos deuses.

> **Soma** é uma planta trepadeira, que, ao ser macerada e preparada como uma bebida, torna-se um néctar que é oferecido aos deuses e é ingerido pelos brâmanes em rituais, gerando um grande bem-estar. É chamado de "o vinho da imortalidade".

> Nos *Vedas*, o deus **Indra** é a divindade suprema, o senhor do clima, do tempo, que envia chuvas, trovões e relâmpagos. Ele vence o demônio da seca e traz chuva, fecundidade e felicidade para a humanidade. Indra é o pai de Arjuna.

21 Depois de desfrutar do vasto mundo celestial e de esgotar os méritos [das boas ações], eles novamente entram no mundo dos mortais. Portanto, conforme a doutrina dos três *Vedas*, desejosos de prazeres, eles vão e retornam [morte e renascimento].

Neste verso, a *Gita* refere-se ao conceito de *samsara*, o ciclo contínuo de nascimentos, mortes e renascimentos a que os seres estão sujeitos enquanto vivem na ignorância e ainda não perceberam sua identidade com Brahman, o Supremo, a dimensão essencial dos seres, a plena realização e libertação.

22 Àqueles que Me adoram e meditam somente em Mim, sem nenhum outro pensamento, e que sempre perseveram, Eu providencio aquilo que eles ainda não possuem [*yoga*] e preservo aquilo que eles já têm [*kshema*].

No contexto, ***yoga*** é a capacidade de ganhar concentração e chegar à união com a sua fonte original, e ***kshema*** é o poder de guardar bem-estar e felicidade.

23 Mesmo aqueles devotos que, dotados de fé, adoram outros deuses, eles adoram somente a Mim, embora, ó filho de Kunti (Arjuna), pelo método errado.

24 Eu sou o único que desfruta e o Senhor de todos os sacrifícios (*yajnas*), mas, como não Me conhecem realmente, eles caem [para o mundo mortal].

25 Aqueles que adoram os deuses (Devas) vão para os deuses; os que adoram os antepassados (*Pitris*) vão para os antepassados;

os que adoram os espíritos da natureza (*Bhutas*) vão para os espíritos da natureza; porém, os que Me adoram vêm até Mim.

26 Quem a Mim oferece com devoção uma folha, uma flor, uma fruta ou água – essa oferenda de amor, vinda de um coração puro –, Eu as aceito.

27 Qualquer coisa que faças, qualquer coisa que comas, qualquer coisa que ofereças como sacrifício, qualquer coisa que tu concedas, qualquer coisa que pratiques como austeridade, ó Kaunteya (Arjuna), faze como um oferecimento a Mim.

28 Desse modo ficarás livre das amarras das ações que geram frutos bons e maus. Com a mente firme no caminho da renúncia, tu serás liberado e virás a Mim.

29 Sou o mesmo para todos os seres, para Mim ninguém é preferido ou detestado. Mas aqueles que Me adoram com devoção, eles estão em Mim, e Eu, neles.

30 Mesmo aquele que tem a pior conduta, se Me adora com devoção exclusiva, ele deve ser considerado virtuoso, por sua decisão correta.

Não se escapa facilmente das consequências de atos errados cujos efeitos são prejudiciais, mas, quando o ser se dedica a agir segundo as virtudes e entrega-se totalmente à sabedoria, a Deus, ele toma uma **decisão correta** e abandona o caminho errado.

Swami Chinmayananda diz: "Os *Vedas* condenam o erro, mas não aquele que cometeu o erro. Os maus caminhos são expressões de pensamentos errados na mente. Se a textura dos pensamentos que fluem na mente puder ser mudada, a textura do comportamento também poderá ser transformada".

31 Rapidamente ele se torna virtuoso e obtém a paz eterna. Tenha certeza, ó filho de Kunti (Arjuna), que aquele que se devota a Mim nunca perecerá.

32 Para aqueles que buscam refúgio em Mim, ó Partha (Arjuna), embora nasçam em condição inferior – mulheres, comerciantes (*vaishyas*), bem como trabalhadores (*shudras*) –, mesmo eles atingem o objetivo supremo.

Na época em que a *Bhagavad Gita* foi composta, **nascer mulher** era entendido como uma condição inferior, no sentido de que, para atingir a liberação, o ser teria que estar encarnado num corpo masculino. Aqui, porém, a mensagem da *Gita* desfaz esse conceito ao afirmar que todos, sem distinção de raça, sexo, crença ou classe social, chegam à realização.

33 Mais fácil ainda é para os brâmanes sagrados e para os reis santos [atingirem o objetivo]. Portanto, ao entrar neste mundo impermanente e infeliz, reverencia-Me.

34 Fixa a tua mente em Mim, sê Meu devoto, oferece sacrifício a Mim, reverencia-Me. Então, unindo teu coração a Mim e tendo-Me como tua meta, virás até Mim.

Krishna se coloca em sua dimensão suprema, eterna, ao aconselhar Arjuna a oferecer sacrifícios e reverenciá-lo.

Essas oferendas são para essa instância suprema, libertadora, e não para a condição pessoal de Krishna.

Reverenciar (*namaskuru*, *namah* ou *namas*) significa curvar-se, fazer uma saudação reverente, cumprimentar respeitosamente. O termo é empregado em preces e mantras e se popularizou na derivação para o termo *namaskar* ou *namastê*, usado no cumprimento reverente e diário entre os indianos.

... assim termina o nono capítulo, intitulado

O caminho da ciência suprema e do mistério supremo

CAPÍTULO X

Vibhuti Yoga

O CAMINHO DA MANIFESTAÇÃO DIVINA

O Senhor Abençoado disse:

1 Mais uma vez, ó Mahabaho (Arjuna), escuta a Minha palavra suprema que Eu, desejando o teu bem-estar, vou declarar a ti, que estás deliciado [em Me ouvir].

2 Nem as hostes dos deuses (Devas) nem os grandes sábios santos (Rishis) conhecem a Minha origem; sob todos os aspectos, Eu sou a fonte dos deuses e dos grandes sábios santos.

3 Aquele que entre os mortais Me conhece como Não Nascido e Sem Começo, como o Grande Senhor dos Mundos, ele não se ilude e é livre de todo o mal.

> No texto original, a palavra usada no lugar de **mal** é pecado, porém, no hinduísmo, o termo significa erro, mal.

4 Discernimento, sabedoria, não ilusão, perdão, verdade, autocontrole, serenidade, prazer e dor, nascimento e morte, medo e destemor,

5 ... não violência, equanimidade, contentamento, austeridade, benevolência, boa e má reputação; esses diversos atributos dos seres nascem somente de Mim.

6 Os sete grandes sábios santos (Rishis), os quatro anciãos e os Manus nasceram da Minha mente e são dotados de Minha natureza; deles [descendem] todas as criaturas do mundo.

Rishis, os sábios santos que receberam a revelação dos *Vedas*. Segundo Yogananda, "os sete grandes sábios representam os sete poderes principais da vida e da percepção que vem do macrocosmos (a luz da energia cósmica criativa) e do microcosmos (a luz espiritual no ser humano)".

Manus são os progenitores da humanidade, legislam-na e a orientam. Manu foi o primeiro ser humano e é o símbolo de um ente mental entre o divino e o humano, que desperta as faculdades da mente. É possível que provenha de Manu o celebrado livro *As Leis de Manu*, que ainda hoje serve de base para o comportamento religioso e social dos hindus.

7 Aquele que realmente compreende essas Minhas várias manifestações e o poder do Meu *yoga* estabelece-se no *yoga* imperturbável. Não há dúvidas sobre isso.

8 Eu sou a origem de tudo, tudo vem de Mim. Compreendendo isso, os sábios Me adoram, em amorosa contemplação.

9 Com o pensamento fixo em Mim, e sua vida absorta em Mim, iluminando uns aos outros e sempre falando sobre Mim, eles estão contentes e cheios de alegria.

10 Para eles, que são sempre devotados a Mim e que Me adoram com amor, Eu concedo o *yoga* da sabedoria, pelo qual chegam até Mim.

Nesse contexto, Krishna alude ao ***yoga*** como Buddhi Yoga, o conhecimento correto adquirido pela meditação na natureza infinita do Si Próprio, da Realidade última.

11 Além da pura compaixão que tenho por eles, Eu vivo em seus corações e destruo a escuridão nascida da ignorância, pela chama luminosa da sabedoria.

Arjuna disse:

12 Tu és o supremo Brahman, a suprema Morada, o Purificador Supremo, o Eterno, o Ser divino (*Purusha*), o Primeiro entre os deuses, o Não Nascido, que tudo permeia.

13 É assim que todos os sábios santos (Rishis) e também o sábio divino Narada, bem como Asita, Devala e Vyasa, descreveram a Ti; e, agora, Tu próprio dizes o mesmo a mim.

Narada, assim como **Asita** e **Devala**, é um dos grandes sábios (Rishis). Muitos hinos dos *Vedas* são dedicados a ele.

Vyasa é o nome dados a muitos autores de obras sânscritas. É o compilador e organizador dos *Vedas*, o autor do *Mahabhârata* e da *Bhagavad Gita*, o fundador do sistema Vedanta e o compilador dos Puranas. Seu nome carrega a referência da imortalidade dos seus trabalhos. Diz-se que, estando ele conectado com a consciência cósmica, a *Bhagavad Gita* lhe foi revelada.

14 Considero que tudo o que me dissestes é verdade, ó Keshava (Krishna). Nem os deuses (Devas) nem os demônios (Danavas), Ó Senhor Abençoado (Krishna), conhecem Tua manifestação.

Senhor Abençoado (Bhagavan) é mais um epíteto de Krishna. Título que em geral os devotos atribuem à divindade para enaltecer nobreza, santidade, onisciência, sabedoria e majestade. Grandes santos e figuras sagradas também são frequentemente chamados por seus discípulos de Bhagavan.

15 Ó Ser Supremo, origem dos seres, ó Senhor dos seres, ó Deus dos deuses, ó Soberano do mundo, na verdade, somente Tu conheces a Ti por meio de Ti mesmo.

16 Na verdade, deves me revelar, sem reservas, Tuas manifestações divinas, pelas quais permeias todos os mundos.

17 Ó *Yogin* (Krishna), como devo meditar em Ti para conhecer-Te? Em quais aspectos ou formas, ó Bhagavan (Krishna), deves ser concebido por mim?

Yogin, o praticante do *yoga*, é mais um dos epítetos de Krishna.

18 Conta-me novamente em detalhes, ó Janardana (Krishna), sobre o poder do Teu *yoga* e sobre Tuas manifestações. Pois nunca me sacio em ouvir Tuas palavras, que são como néctar.

O Senhor Abençoado disse:

19 Ó melhor entre os Kurus (Arjuna), sim, vou agora te revelar Meus atributos divinos, mas somente os principais, pois não há limite na vastidão das Minhas manifestações.

20 Ó Gudakesha (Arjuna), Eu sou o próprio Ser que existe no coração de todos os seres. Sou o princípio, o meio e também o fim dos seres.

21 Entre os Adityas Eu sou Vishnu; entre os luminosos sou o Sol radiante; entre os ventos (Maruts) sou Marichi; entre os astros sou a Lua.

> **Adityas** são os sete filhos de Aditi, a mãe dos deuses, a deusa-mãe, que representa o espaço ilimitado e a consciência infinita. Portanto, são filhos da consciência infinita e representam a luz. **Maruts** são os deuses dos ventos fortes, das tormentas, que, armados com raios e trovões, cavalgam ao vento e comandam as tempestades. **Marichi**, o chefe dos Maruts, é um dos criadores de tudo o que existe na Terra (Prajapatis).

22 Dos *Vedas* sou o *Sama Veda*; dos deuses sou Vasava (Indra); dos sentidos sou a mente; e sou a inteligência entre os seres viventes.

> ***Sama Veda*** é um dos quatro *Vedas*, que representa os cânticos, a coleção de hinos litúrgicos para ser cantados pelos sacerdotes nos sacrifícios. (*Ver* cap. 2, verso 42)
>
> **Vasava** é um dos nomes de Indra, o deus do firmamento.

23 Entre os Rudras sou Shankara, entre os Yakshas e Rakshasas sou o Senhor da Riqueza (Kubera); entre os Vasus sou o Deus do Fogo (Pavaka); e entre as montanhas sou Meru.

> **Rudras**, um dos aspectos do deus Shiva, simboliza o deus que destrói o que está deteriorado e corrompido. O rei dos Rudras, **Shankara**, é mais um dos epítetos de Shiva.

Yakshas são semideuses, servos de **Kubera** (o deus da riqueza e também dos espíritos das trevas). Chamados de bons seres, não são violentos como os **Rakshasas**, que retratam os ogros, seres impuros, passionais, com características boas e más. São gênios e guardiões do tesouro de Kubera.

O grupo de oito deidades que acompanham Indra e são seus servos (**Vasus**), personificam a natureza com os nomes: Apas (Água), Dhruva (a Estrela do Norte), Soma (Lua), Ohara (Terra), Anila (Vento), Anala (Fogo), Prabhasa (Luz) e Pratyiisha (Amanhecer).

Pavaka é um dos filhos e também um dos nomes de Agni, deus do fogo, que representa a iluminação divina.

Meru (Sumeru) é a montanha mais sagrada e o centro do universo para as cosmologias hindu, jainista e budista. Simbolicamente, representa o centro dos universos físico, metafísico e espiritual. Na mitologia hindu, é a morada dos deuses, a região da bem-aventurança.

24 Dos sacerdotes, ó Partha (Arjuna), saiba que sou Brihaspati, o superior; dos generais sou Skanda; das águas sou o oceano.

Preceptor espiritual no mundo celestial, **Brihaspati** (o senhor da oração) é o criador da palavra, que nos *Vedas* está na origem da criação e é *um* com Deus.

Filho dos deuses Shiva e Parvati, **Skanda** (Karttikeya) é o deus da guerra, aquele que desafia o ignorante a lutar e propicia aos buscadores espirituais a força para o seu desenvolvimento. Representa o autocontrole dos sentidos. Skanda é irmão do deus da sabedoria, Ganesha, também filho de Shiva e Parvati.

25 Dos grandes sábios santos (Rishis) sou Bhrigu; das palavras sou a sílaba única Om; dos sacrifícios (*yajnas*) sou o *japa* (repetição silenciosa); das coisas imóveis sou o Himalaia.

Líder entre os sete grandes Rishis, **Bhrigu** é um dos filhos do deus Brahma (criador do Universo), mestre na sabedoria e na atividade, a ação.

Japa (sussurro, murmúrio) é a prática de recitar preces, palavras sagradas ou os nomes de Deus, em voz alta ou mentalmente, como uma forma de meditação.

Himalaia (morada da neve) é a cadeia de montanhas mais alta do mundo, o teto do mundo. É considerada sagrada, e entre os seus picos há a morada dos deuses, no Monte Meru.

26 De todas as árvores sou a árvore pipal (Ashvattha); dos videntes divinos sou Narada; dos cantores celestiais (Gandharvas) sou Chitraratha; e dos perfeitos sou o sábio Kapila.

Ashvattha é a árvore *Ficus religiosa,* uma figueira originária da Índia e considerada sagrada nas tradições hindu, jainista e budista. Também chamada de **árvore pipal** (*peepal tree*), entre os budistas recebe o nome de *bodhi tree*, por ter sido junto a ela que Buda se iluminou. Por sua longa vida, que chega a milhares de anos, e com as várias propriedades medicinais a ela atribuídas, é tida como sagrada, e seus galhos são usados em alguns rituais em que fogo é aceso.

Nascido da mente de Brahma, **Narada** é um dos grandes sábios (Rishis), mestre completo em todos os ramos do aprendizado, detentor de uma memória prodigiosa e grande senso de devoção pelo divino, além de ser músico itinerante e contador de histórias, trazendo notícias e sabedoria.

Gandharvas são os cantores celestiais que entretêm os habitantes dos céus com sua arte e música. **Chitraratha** é tido como um dos mais geniais e brilhantes, o melhor cantor dos Gandharvas.

Kapila é o fundador da filosofia Samkhya. Um Rishi (sábio) de que não se tem muito conhecimento. O texto "Resumo da Verdade" (*Tattvasamasa*), de apenas cinquenta e quatro palavras, é atribuído a ele. Seu texto mais antigo remonta a 500 a.C.

27 Entre os cavalos saiba que sou Ucchaisravas, nascido da ambrosia (*amrita*); entre os nobres elefantes sou Airavata; e entre os homens sou o rei.

O legendário rei dos cavalos, **Ucchaisravas**, é um animal voador com sete cabeças que surgiu durante a agitação do Oceano Lácteo, quando deuses e demônios agitavam o oceano para recuperar o néctar da imortalidade, que havia sido perdido.

***Amrita* (ambrosia)** é o néctar da imortalidade e também recebe o nome de *soma*, a bebida dos deuses. **Airavata**, o símbolo de sabedoria, é o elefante voador mitológico, de um branco puríssimo, que surgiu durante a agitação do Oceano Lácteo e tornou-se o veículo do deus Indra.

28 Das armas sou o *vajra*; das vacas, Kamadhuk; dos progenitores sou Kandarpa; e entre as serpentes sou Vasuki.

Vajra, o cetro mítico de diamantes, usado como um raio por Indra para iluminar com força insuperável e tornar indestrutível a essência espiritual.

A vaca da abundância, **Kamadhuk**, é um ente mítico, prodigioso, que sacia todos os desejos mais íntegros. Nesse contexto, significa que nada é impossível ao ser humano se ele aprende a agir com cooperação, sem apego e no espírito de sacrifício.

O cupido, deus dos desejos, deus do amor e da consciência criativa, **Kandarpa** (Kamadeva), é caracterizado como um jovem animado, que carrega seu arco-do-sorriso e cinco flechas com pontas de flores, cada uma para despertar um órgão dos sentidos. Originalmente, no conceito védico, representa o primeiro desejo do Espírito Uno que se torna muitos.

O grande rei das serpentes, **Vasuki**, teve seu corpo utilizado pelos deuses e pelos Asuras para rodear o Monte Mandara, que serviu como eixo de giro durante o batimento do Oceano Lácteo. Também é a serpente envolta no corpo do deus Shiva, simbolizando a compaixão que esse deus tem por todos os seres, até os mais repudiados, como o são as cobras em geral. As serpentes são ainda o símbolo da eternidade e da sabedoria oculta. Nesse sentido, no campo do microcosmos, representam no ser humano o despertar de *kundalini*, a corrente "serpente", que sobe pela coluna vertebral e leva a força suprema da liberação humana.

29 Sou Ananta entre os Nagas; Varuna entre os seres da água; sou Aryama entre os ancestrais (*Pitris*); e Yama entre os que mantêm a lei e a ordem.

O rei das serpentes, o próprio macrocosmos ou princípio universal e símbolo da eternidade e do infinito, **Ananta** sustenta todas as esferas da manifestação, ou seja, a ilusão cósmica, e, neste verso, é a serpente celestial Shesha, de mil cabeças, que reina sobre os **Nagas** (Najas) – as serpentes semidivinas que caracterizam a eternidade –, e em cujo corpo Vishnu dorme durante o tempo de dissolução do mundo (*pralaya*), no intervalo entre os ciclos da criação (*kalpas*).

Deus dos oceanos e rios e um dos deuses védicos mais antigos, **Varuna**, nos *Vedas*, é exaltado como uma deidade superior. **Aryama** é a suprema luz do mundo astral, o luminar da consciência divina que age como uma força.

Nos *Vedas*, **Yama** é o deus da morte, a deidade que guia as almas corpóreas dos seres humanos, após a morte, para as regiões de luz ou de trevas, de acordo com o *karma*.

30 Dos titãs sou Prahlada; das medidas sou o tempo; dos animais selvagens sou o rei deles (o leão); dos pássaros sou Garuda.

Os **Titãs** (Daityas), mitologicamente, são demônios e gigantes que brigam com os deuses. São os opostos dos Adityas, os deuses ou forças divinas elevadas. (*Ver* verso 21)

Fervoroso devoto de Vishnu, **Prahlada**, desde criança, afasta-se do caminho do mal. Seu nome significa “aquele que está cheio de bênção divina”.

Garuda é o rei dos pássaros e veículo mitológico de Vishnu.

31 Entre os purificadores sou o vento; entre os guerreiros sou Rama; entre os peixes sou o crocodilo; entre os rios sou o Ganges.

Reverenciado como um avatar de Vishnu, a sétima reencarnação de Vishnu, **Rama** veio ao mundo para ser exemplo de harmonia, retidão e paz, entre outras virtudes. Foi um grande rei da Índia antiga.

Crocodilo Makara é o animal mitológico ligado às águas do céu e dos oceanos, veículo de deuses como Varuna e Ganga.

Ganges, o mais sagrado e principal rio da Índia, nasce no norte do país, no Gangotri, junto ao Himalaia, e se estende do oeste para o leste, até a Baía de Bengala. É tão sacro para os indianos de todas as tradições religiosas como o Rio Jordão o é para os cristãos.

32 Das coisas criadas sou o começo, o meio e o fim, ó Arjuna; de todas as ciências sou a ciência do conhecimento do Ser; e, daqueles que debatem, sou o argumento lógico.

Argumento lógico (*vada*) é uma técnica de debate em busca direta da verdade.

33 Das letras sou a letra A; das [palavras] compostas sou *dvandva*; Eu sou o tempo inesgotável e o distribuidor (dos frutos das ações), cuja face se volta para todos os lados.

Dvandva (pares de opostos), são as experiências complementares em nossa vida, como prazer e sofrimento, saúde e doença, sucesso e insucesso, alegria e tristeza. Com relação às **palavras compostas**, trata-se da condição unitiva que conserva o significado independente dos termos que a formam.

34 Eu sou a morte devoradora e também a origem de tudo o que virá a ser; das virtudes femininas sou a fama, a prosperidade, a fala, a memória, a inteligência, a constância e a paciência.

35 Dos hinos *Sama* [*Veda*] eu sou *Brihat-Sama*; da métrica sou o *Gayatri*. Dos meses sou Margashirsha (novembro-dezembro); e das estações sou a primavera.

> ***Sama Veda*** são os cânticos, a coleção de hinos litúrgicos para ser cantados pelos sacerdotes nos sacrifícios.
>
> ***Brihat-Sama*** e ***Gayatri*** são hinos sagrados com diferentes métricas de versos. O *Brihat* (grande, poderoso)-*Sama* (cântico) faz parte dos cânticos do *Sama Veda* e requer anos de estudo e prática com um mestre, dada a complexidade de seus versos, suas métricas e os tons variáveis: quatro versos e um total de 36 sílabas. É considerado o cântico mais difícil de ser executado.
>
> Cantado todos os dias na Índia pelos brâmanes ao amanhecer e ao entardecer – dirigido ao Sol (*Savitri*) –, o *Gayatri* faz parte do *Rig Veda* e é considerado um dos hinos mais cultuados e poderosos. Sua métrica, composta de três versos (linhas), contendo oito sílabas em cada verso, totaliza 24 sílabas e diz: "Vamos meditar na luz brilhante daquele que é digno de adoração e que criou todos os mundos! Que ele direcione nossas mentes para a verdade!".
>
> **Margashirsha** é o nono mês do calendário indiano, equivalente, no calendário gregoriano do Ocidente, aos meses de novembro e dezembro, considerados auspiciosos e importantes para a atividade espiritual. Coincide com o período do inverno, o que refresca a temperatura, que na maior parte do ano é muito alta.
>
> A estação mais festejada na Índia, por tudo o que ela inspira, a **primavera** (Kusumakara) traz com ela a exuberância das sementes, das flores e dos frutos já germi-

nados. Assim, essa estação faz alusão ao tempo repleto de espiritualidade após o esforço do praticante.

36 Dos impostores sou o jogo de azar; do fulgurante, o esplendor; sou a vitória, o esforço e a bondade entre os bons.

37 Entre os [descendentes de] Vrishnis sou Vasudeva; entre os Pandavas sou Dhananjaya (Arjuna, o conquistador de riquezas); entre os sábios sou Vyasa; e entre os poetas sou Ushana [o grande vidente].

Vrishnis é o nome de um clã de príncipes descendentes de Vrishni, o filho do legendário rei Yadu, do povo Yadava.

Importante rei hindu, tataraneto de Vrishni, **Vasudeva** casou-se com Devaki, a irmã de Kamsa, o rei tirano de Mathura que tentou matar os filhos que nasciam do casal. O oitavo filho, Krishna, sobreviveu. (*Ver* cap. 7, verso 19)

Dhananjaya (conquistador de riquezas), epíteto de Arjuna, que é assim designado porque em suas incursões guerreiras adquiriu copiosas riquezas humanas e divinas, materiais e espirituais.

Vyasa: *ver* verso 13.

Ushana, segundo Yogananda, é um poeta e sábio antigo com grandes poderes, incluindo o de ressuscitar.

38 Sou o bastão dos que punem; sou a estratégia dos que buscam a vitória; sou o silêncio de todos os segredos; sou a sabedoria do sábio.

39 E, ainda, ó Arjuna, Eu sou a semente [da existência] de todos os seres. Sem Mim não há ser animado ou inanimado que possa existir.

40 Minhas manifestações divinas não têm fim, ó Conquistador de Inimigos (Arjuna). O que Eu te revelei é apenas uma breve demonstração de minhas vastas manifestações.

41 Tudo o que é glorioso, próspero ou poderoso em cada ser, saiba que é a manifestação de um fragmento do Meu esplendor.

42 Mas que necessidade tens de conhecer todos esses detalhes, ó Arjuna? Eu sozinho sustento todo este Universo com apenas uma fração de Mim mesmo.

... assim termina o décimo capítulo, intitulado

O caminho da manifestação divina

CAPÍTULO XI

Visva Rupa Darsana Yoga
A VISÃO DA FORMA CÓSMICA

Arjuna disse:

1 Tuas palavras de incomparável profundidade sobre o mistério supremo do Eu, que disseste para o meu bem, desfizeram minha ilusão.

2 Ó Olhos de Lótus (Krishna), eu ouvi em detalhe sobre a origem e a dissolução dos seres, bem como sobre Tua grandeza inesgotável.

3 Ó Senhor Supremo (Krishna), Tu revelaste a Ti mesmo e assim és. Mas, ó Purushottama (Krishna), gostaria de ver Tua forma divina.

4 Ó Senhor, se julgares que sou capaz de contemplar essa forma, então, ó Senhor do Yoga, mostre-me Teu Ser imperecível.

O Senhor Abençoado disse:

5 Vê, ó Partha (Arjuna), meus aspectos divinos às centenas e milhares, de cores e formas diferentes.

6 Vê os Adityas, os Vasus, os Rudras, os gêmeos Ashvins e também os Maruts. Vê, ó Bhârata (Arjuna), tantas maravilhas jamais vistas antes.

> Os **Adityas** são os sete filhos de Aditi, a mãe dos deuses, a deusa-mãe que representa o espaço ilimitado e a consciência infinita. Portanto, são filhos da consciência infinita e representam a luz da iluminação.
>
> **Vasus**, os Senhores das Estações, formam um grupo de oito deidades que acompanham Indra e são seus servos. Personificam a natureza com os nomes: Apas (Água), Dhruva (a Estrela do Norte), Soma (Lua), Ohara (Terra), Anila (Vento), Anala (Fogo), Prabhasa (Luz) e Pratyiisha (Amanhecer).
>
> Os **Rudras** caracterizam um dos aspectos do deus Shiva, como o deus que destrói o que está deteriorado e corrompido. Os **gêmeos Ashvins** são os irmãos deuses médicos que agem no amanhecer e protegem os seres humanos da ignorância e do sofrimento, levando-os à cura por meio do néctar da bem-aventurança. **Maruts** são os deuses dos ventos fortes e das tormentas. (*Ver* cap. 10, versos 21 a 23)

7 Vê agora, ó Gudakesha (Arjuna), o Universo inteiro aqui no meu corpo, com tudo o que é móvel e imóvel e qualquer coisa que desejes ver.

Segundo Radhakrishnan, "essa é uma visão do todo no Um. Quando desenvolvemos nossa plena capacidade de entendimento, vemos que tudo (passado, presente e futuro) é presente".

8 Mas tu não estás preparado para Me ver com os teus olhos humanos; vou te oferecer olhos divinos. Contempla o poder do Meu *yoga* supremo.

Sanjaya disse [ao rei Dhritarashtra]:

9 Tendo assim falado, ó rei Hari (Krishna), o grande Senhor do Yoga revelou a Partha (Arjuna) sua forma divina suprema,

10 Com várias bocas e olhos, várias visões maravilhosas, vários ornamentos divinos, várias armas divinas empunhadas,

11 Ornado com vestimentas e guirlandas divinas, ungido com perfumes divinos, o Todo-Glorioso, resplandecente, infinito, volta-se para todos os lados.

12 Se a luminosidade de mil sóis brilhasse no céu ao mesmo tempo, esse brilho poderia assemelhar-se ao esplendor desse Ser poderoso.

13 Ali, o filho de Pandu (Arjuna) viu o Universo inteiro, com suas diversas divisões reunidas no corpo do Deus dos deuses.

14 Então, Dhananjaya (Arjuna), maravilhado, com os cabelos eriçados, curvou sua cabeça para o Deus, uniu as mãos em prece e disse-Lhe:

Arjuna falou:

15 Ó Deus, vejo todos os deuses em teu corpo e também a multidão de vários tipos de seres; vejo o Senhor Brahma sentado no lótus, todos os Rishis e todas as serpentes celestiais.

Os **Rishis** são os sábios, santos, videntes e poetas inspirados.

Radhakrisnan diz: "Essa visão de Deus abre nosso horizonte e nos leva acima dos tumultos e sofrimentos terrestres que facilmente nos afetam. A criação de Deus não é limitada a este pequeno planeta, que é só uma parte insignificante do Cosmos. Arjuna vê um grande e variado grupo de seres que ocupam o Universo".

16 Ó Senhor do Universo, ó forma universal, vejo-Te com inúmeros braços, ventres, bocas e olhos em todas as direções; mas não vejo Teu fim, meio e origem.

17 Eu Te vejo com Tua coroa, maça e disco brilhando com esplendor para todos os lados, como o fogo e o sol ardente; uma visão ofuscante, incomparável.

18 Tu és o Imperecível, o Senhor Supremo, que deve ser conhecido. Tu és o receptáculo supremo deste Universo; és o Guardião imutável do *dharma* eterno. Em minha opinião, Tu és o Ser primevo.

Dharma: *ver* cap. 7, verso 11.

19 Eu Te vejo sem começo, meio e fim, com poder infinito, com braços numerosos, o Sol e a Lua sendo Teus olhos, Tua boca como fogo ardente, aquecendo todo o Universo com Teu brilho.

20 O espaço entre a Terra e o Céu e todas as direções estão preenchidas por Ti somente. Vendo, ó Grande Alma (Krishna), Tua forma maravilhosa e terrível, os Três Mundos tremem de medo.

Três Mundos (Triloka): *ver* cap. 1 verso 35, *e* cap. 3, verso 22.

21 Em verdade, essas hostes de deuses entram dentro de Ti. Alguns, com medo, oram a Ti com as mãos em prece. Grupos de grandes sábios santos (Rishis) e ascetas videntes (Siddhas) oram a Ti com hinos sublimes, exclamando: "Salve!".

22 Os Rudras, Adityas, Vasus, Sadhyas, Vishvas, os gêmeos Ashvins, Maruts, Ushmapas e a multidão de Gandharvas, Yakshas, Asuras e Siddhas – todos olham para Ti admirados.

Rudras, Adityas, Vasus, gêmeos Ashvins e **Maruts** (*ver* verso 6). Os **Sadhyas** são os espíritos do Céu, e os **Vishvas** (Vishvedevas), um grupo de dez deuses menores que têm qualidades como verdade, determinação, firmeza, paciência.

Os **Ushmapas**, "aqueles que absorvem calor", são como gênios que alcançaram uma condição sobre-humana e se alimentam do vapor enquanto ele está quente. Os **Gandharvas** são cantores celestiais que entretêm os habitantes dos céus com sua arte e música.

Semideuses, servos de Kubera, o deus da riqueza, os **Yakshas** não são violentos como os Rakshasas e são chamados de bons seres (*ver* verso 36), enquanto os **Asuras** são os demônios, seres de ignorância (*ver* cap. 7, verso 15). Os **Siddhas** são seres humanos sábios, perfeitos, ascetas videntes que atingiram o objetivo supremo da aspiração espiritual, que é a liberação.

23 Vendo Tua forma imensa, com muitas bocas e olhos, muitos braços, coxas e pés, com muitos ventres e dentes terríveis, ó Braços Vigorosos (Krishna), os mundos tremem, e eu também.

Segundo Radakrishnan, há um excesso poético no verso para trazer à tona a universalidade e a onipresença do Supremo.

24 Ao ver Tua forma tocando o céu, em muitas cores brilhantes, com bocas escancaradas, os olhos imensos fulgurantes, ó Vishnu (Krishna), meu coração se aterroriza, e não encontro firmeza nem paz.

25 Quando vejo Tuas bocas com dentes terríveis, parecendo o tempo e seu fogo devorador, perco todo o sentido de direção e não encontro paz. Sê benevolente, ó Senhor dos Deuses (Krishna), ó refúgio do Universo.

Arjuna mostra-se desorientado, sem rumo, passando por uma experiência tremenda que contém elementos de espanto e terror.

26 Todos os filhos de Dhritarashtra, com suas multidões de monarcas, Bhishma, Drona e Karna, juntamente com nossos chefes guerreiros

Dhritarashtra, o "rei bom", é pai dos cem Kurus ou Kuravas (*ver* cap. 1, verso 1). **Bhishma** é tio-avô e patriarca do clã dos Kuravas e dos Pandavas, patrono do exército dos Kuravas (*ver* cap. 1, verso 8). **Drona** é o mestre na arte da guerra, que ensinou Pandavas e Kuravas (*ver* cap. 1, verso 2), e **Karna** é o meio-irmão de Arjuna, filho de Surya (o Sol) e Pritha ou Kunti.

27 Entram precipitadamente em Tuas bocas terríveis, com dentes afiados, assustadoras de ver. Alguns ficam presos nos vãos dos dentes, e sua cabeça esmagada vira pó.

28 Assim como muitas torrentes de rios correm para o oceano, do mesmo modo, esses heróis do mundo dos homens são precipitados para dentro de Tuas bocas flamejantes.

29 Como as mariposas que se precipitam em direção ao fogo luminoso para ali perecer, assim também essas criaturas se precipitam em Tuas bocas para ser destruídas.

30 Tu lambes Teus lábios enquanto devoras todos os mundos à Tua volta com Tuas bocas flamejantes. Ó Vishnu (Krishna), Teus raios ferozes que preenchem todo o Universo com teu brilho estão queimando.

Segundo Radhakrishnan: "Os seres cegos por sua ignorância correm para sua destruição, e o Divino o permite, pois eles estão cumprindo o efeito de suas próprias ações. Quando agimos, temos também as consequências dessas ações. Como a lei de causa e efeito é uma expressão da mente divina, o Divino cumpre a lei".

31 Dize-me quem és Tu, sob essa aparência tão aterradora. Saudações a Ti, ó Deus Supremo. Tem piedade. Desejo conhecer-Te, Ser Primordial, pois não compreendo qual é o Teu objetivo.

Arjuna procura por um conhecimento mais profundo, para compreender essas visões aparentemente antagônicas.

O Senhor Abençoado disse:

32 Eu sou o poderoso Tempo destruidor do mundo, aqui empenhado em aniquilar o mundo. Mesmo sem ti, todos os guerreiros, organizados em exércitos inimigos, irão morrer.

Segundo Swami Chinmayananda, para construir uma coisa é preciso destruir (abrir mão de) sua condição anterior. O mundo é criado por um processo de contínua destruição. A infância morre antes que a juventude surja, e, quando a juventude passa, a idade adulta nasce. O poder que está claramente por trás da destruição construtiva é o poder que rege e governa a vida dos seres.

33 Portanto, levanta-te e ganha tua glória. Conquista os inimigos e desfruta do reino próspero. Na verdade, eles já foram mortos por Mim. Sê apenas um instrumento, ó Savyasachin (Arjuna).

Savyasachin, Ambidestro, aquele que sabe usar o arco com as duas mãos, é mais um epíteto de Arjuna.

34 Destrua Drona, Bhishma, Jayadratha, Karna e outros bravos guerreiros que já foram mortos por Mim. Não te aflijas pelo medo. Luta! E conquistarás teus inimigos na batalha.

Na *Gita*, os termos destruir e matar são mais amplos do que o significado habitual. **Destruir** significa distinguir o que é ilusão do que é realidade. É discernir entre quais pensamentos e ações são verdadeiros e quais são cobertos por uma camada de mentira, ilusão ou fantasia.

Matar tem como sinônimo decifrar e dedicar-se à verdade, à lucidez do que é a vida e o viver. Não é exterminar, e sim, lembrando Lavoisier, transformar uma condição em outra. Quando deixamos de ser crianças e nos tornamos adolescentes, depois jovens, adultos, idosos, cada uma dessas etapas deixam de existir, "morrem" para que a nova etapa de maturidade desabroche. Portanto, destruir e matar, nesse contexto, significam adquirir maturidade e clareza para gerar a consciência do que verdadeiramente são Arjuna e Krishna. Arjuna é o ser humano que vislumbra que é preciso abrir mão dos seus egos, do seu eu ilusório, para entregar-se a Krishna, o Supremo, a dimensão essencial e original do ser.

Sanjaya disse [ao rei Dhritarashtra]:

35 Ouvindo de Keshava (Krishna) essas palavras, Arjuna, o coroado, com as mãos unidas em prece, tremendo, prostrou-se e novamente dirigiu-se a Krishna, com a voz sufocada, inclinando-se e tomado pelo medo.

Arjuna disse:

36 Ó Hrishikesha (Krishna), é certo que o mundo se delicia e se regozija com Tua glória. Os Rakshasas (seres demoníacos) voam, amedrontados, em todas as direções, e a multidão de Siddhas (ascetas videntes) prostra-se diante de Ti em adoração.

37 E por que eles não Te reverenciariam, ó Grande Alma, ó Infinito, ó Senhor dos deuses, ó Morada do Universo, se és a Causa Primordial e maior até que Brahma? Tu és Imperecível, Existência e Não Existência, e tudo o que está além.

Causa Primordial maior que Brahma: Arjuna se refere a Brahman, o princípio do Universo, de cuja essência tudo emana. É o Supremo, o Absoluto, o Espírito Universal, o Pleno.

38 Tu és o Deus Primordial, o antigo Ser (Purusha). És o Supremo Refúgio deste Universo. Tu és o Conhecedor, o Cognoscível e a Morada Suprema. Somente por Ti o Universo é permeado, ó Ser de infinitas formas (Krishna).

Purusha é sinônimo de Brahman, o princípio universal eterno e imutável, o imortal, o infinito.

39 Tu és Vayu (o Vento), Yama (a Morte), Agni (o Fogo), Varuna (o deus do oceano), Shashanka (a Lua), Prajapati (o Senhor das criaturas) e Prapitamaha (o bisavô). Saudações! Mil vezes saudações a Ti, e novamente saudações, saudações a Ti!

Prajapati, o Senhor das criaturas, o Pai de incontáveis filhos, outro nome de Brahma. (*Ver* cap. 3, verso 10)

40 Saudações a Ti à frente e a Ti atrás! Saudações a Ti em todas as direções. Ó Tudo, de poder infinito, de valor imensurável, que permeias tudo; por isso és Tudo.

41 Desconhecendo a Tua glória e considerando-Te simplesmente como um amigo, o que eu tiver dito de maneira precipitada, por desatenção ou por amor, dirigindo-me a Ti como Krishna, Yadava, Amigo,

Yadava significa descendente de Yadu, uma das cinco tribos da Índia citadas no *Rig Veda*, e o local onde nasceu Krishna. Por isso, é epíteto de Krishna.

42 ... e, se de algum modo eu Te desrespeitei em brincadeiras, nos passeios, descansando, sentados ou nas refeições, sozinho

[Contigo] ou em companhia de outros, ó Acyuta (Krishna), a Ti, ó Imensurável, eu imploro o Teu perdão.

> **Acyuta**, o Imutável, o Inigualável e **Aprameya**, o Imensurável, o Ilimitado, são epítetos de Krishna.
>
> Até este momento, Arjuna tinha Krishna como um amigo íntimo, inteligente e leal e, ao vê-lo e senti-lo na sua natureza divina, emociona-se e se prostra diante Dele, suplicando seu perdão pela intimidade com a qual o tratava.

43 Tu és o Pai do mundo em movimento e imóvel. És motivo de adoração, o Mestre mais venerado, e não há ninguém igual a Ti. Ó Tu de poder incomparável, como pode haver outro superior a Ti nos três mundos?

> Senhor de **poder incomparável**, Apratimaprabhava, é mais um epíteto de Krishna.

44 Por isso eu me inclino e me prostro diante de Ti, ó Senhor Adorável, e peço Tua bênção. Como o pai que perdoa a seu filho, o amigo a seu amigo, o amante a seu amado, assim também, ó Deus, perdoa-me!

45 Meu coração se rejubila ao ver o que nunca havia visto antes, mas ao mesmo tempo está atormentado de medo. Mostra-me aquela Tua forma, ó Deus. Tem piedade, ó Deus dos deuses, ó Morada do Universo.

46 Desejo ver-Te como antes, com Tua coroa, a maça e o disco na mão. Mostra a Tua forma anterior de quatro braços, Ó Forma Universal de Mil Braços (Krishna).

> Segundo Swami Chinmayananda, a forma de quatro braços representa as quatro facetas dos órgãos internos

humanos: a mente, o intelecto, a substância da mente – que dá origem à percepção e ao pensamento – e o sentido de ego.

O Senhor Abençoado disse:

47 Ó Arjuna, por minha Graça e pelo poder do meu próprio *yoga*, mostrei minha forma suprema a ti. Esta minha Forma Universal, cheia de esplendor, primordial, infinita, que nunca antes havia sido vista por ninguém a não ser tu.

48 Ó grande herói dos Kurus, nem pelo estudo dos sagrados *Vedas* ou por sacrifícios, nem pelas oferendas ou rituais, nem por severas austeridades sou visto neste mundo humano nesta forma, a não ser por ti.

Vedas são as escrituras sagradas mais antigas da Índia. (*Ver* cap. 2, verso 42)

49 Não tenhas medo nem fiques confuso em ver essa Minha forma terrível. Liberta-te de teu medo e, agora, com o coração alegre, contempla novamente Minha forma anterior.

Sanjaya disse [ao rei Dhritarashtra]:

50 Tendo assim falado a Arjuna, Vasudeva (Krishna) novamente apresentou-Se em Sua forma própria. A Grande Alma (Krishna), assumindo Sua forma afável, consolou-o, por estar ele aterrorizado.

Arjuna disse:

51 Ó Janardana (Krishna), vendo Tua afável forma humana, agora estou calmo e recuperei minha natureza.

O Senhor Abençoado disse:

52 É muito difícil olhar para essa Minha forma que tu viste. Até mesmo os deuses anseiam por Me contemplar nessa forma.

53 Nem pelos *Vedas*, nem por austeridades, nem por oferendas, nem por sacrifícios posso ser visto na forma que tu me viste.

Este verso reafirma o verso 48.

54 Mas, pela devoção sincera, posso ser conhecido e visto em minha forma real, e também podem entrar em Mim, ó Paramtapa (Arjuna).

Devoção é um termo que expressa o profundo sentimento de amor, afeto, admiração, dedicação e entusiasmo. É uma emoção lúcida e plena de discernimento. Por outro lado, às vezes, devoção é tida como um sentimento cego, uma paixão que impede ver a realidade de fato; no entanto, para o hinduísmo, devoção é amor sincero e esclarecido.

Shankaracharya define o devoto ideal como aquele que, com todos os sentidos, tem só um objetivo: ser *um* com Deus. Ele adora Deus com todo o seu espírito e coração, uma devoção sincera.

55 Aquele que age para Mim, que faz de Mim a sua meta, que se devota a Mim, que é livre de apegos, que não nutre hostilidade por nenhuma criatura, ele vem até Mim, ó Pandava (Arjuna).

Radhakrishnan diz: "Este verso é a essência de todo o ensinamento da *Gita*. Devemos cumprir nossos deveres, direcionar o espírito para Deus, com total desapego e desprendimento às coisas mundanas e sem inimizades por qualquer ser vivo".

... assim termina o décimo primeiro capítulo, intitulado

A visão da forma cósmica

CAPÍTULO XII

Bhakti Yoga
O CAMINHO DA DEVOÇÃO

Arjuna disse:

1 Aqueles devotos que, sempre imperturbáveis, Te adoram, e aqueles que adoram o Imperecível e Não Manifesto, quais deles têm maior conhecimento do *yoga*?

A resposta a essa pergunta está no último verso do capítulo anterior, porém aqui Krishna vai explicá-la mais detalhadamente.

O Senhor Abençoado disse:

2 Aqueles que fixam sua mente em Mim, que Me veneram, sempre constantes e dotados de fé suprema, estes eu considero os melhores conhecedores do *yoga*.

Fé – *shraddha*, em sânscrito – é um conceito muito importante nessa tradição. É a atitude interna de acreditar nos ensinamentos sagrados por convicção, fruto de sabedoria e experiência. Não é um simples acreditar ou aceitar o que os outros afirmam, e sim a certeza que vem da vivência direta com os ensinamentos.

3 Mas aqueles que contemplam o Imperecível, o Indefinido, o Não Manifesto, o Onipresente, o Impensável, o Imutável, o Imóvel e Eterno,

4 ... que subjugaram todos os sentidos, serenos em todas as circunstâncias, que se alegram com o bem-estar de todos os seres, estes, verdadeiramente, chegam até Mim.

5 Grande é a dificuldade daqueles cuja mente está estabelecida no Não Manifesto, pois atingir a meta, o Não Manifesto, é muito difícil para os seres encarnados.

Contemplar o **Não Manifesto** é muito abstrato para alguns, por isso é mais fácil contemplar ou venerar um deus encarnado, como é Krishna, neste caso.

6 Mas aqueles que dedicam todas as suas ações a Mim, tendo a Mim como sua meta suprema, que Me adoram e meditam em Mim com devoção sincera,

7 ... a estes, ó Partha (Arjuna), cujos pensamentos estão fixos em Mim, prontamente Eu os liberto do oceano da existência ligada à morte.

Oceano da existência ligada à morte refere-se à condição de *samsara*, o ciclo contínuo de nascimentos, mortes e renascimentos ao qual os seres humanos e outros seres estão sujeitos enquanto vivem na ignorância e não sabem da sua origem no Absoluto. Aos que compreendem que mais além das aparências e das ilusões habita dentro de si o Real, a dimensão essencial, o Absoluto, a esses conectados com o divino é permitido alcançar a sua libertação e eternidade.

8 Fixa a tua mente somente em Mim, deposita o teu entendimento em Mim. Então, daqui em diante, só em Mim tu irás viver. Disso não há dúvida.

9 Contudo, se não puderes fixar com firmeza teu pensamento em Mim, então, ó Dhananjaya (Arjuna), procura Me alcançar pela prática constante da concentração.

10 Se ainda assim não és capaz de prática constante da concentração, tenha então como objetivo agir para Mim. Mesmo agindo para Mim, tu atingirás a perfeição.

11 Se fores incapaz de fazer até mesmo isso, busca então refúgio em Mim e, com autocontrole, renuncia aos frutos de todas as ações.

12 Na verdade, melhor que a prática automática da concentração é o conhecimento; melhor que o conhecimento é a meditação; melhor que a meditação é a renúncia aos frutos das ações; dessa renúncia imediatamente vem a paz.

Nos quatro últimos versos são expostas alternativas de tratamento para curar a mente das distrações. Nos versos seguintes serão destacadas as virtudes e as qualidades do verdadeiro devoto. (*Ver* cap. 11, verso 55)

13 Aquele que não odeia ninguém e é amistoso e compassivo com todos, livre de apego e egoísmo, equilibrado na dor e no prazer, piedoso,

14 ... que está sempre contente, estável na meditação, autocontrolado e possuidor de firme convicção, que dedica a Mim sua mente e entendimento, ele, que se devota a Mim, é querido por Mim.

15 Aquele que não perturba o mundo e não se deixa perturbar por ele, que é livre de exultação, impaciência, medo e ansiedade, este é querido por Mim.

16 Aquele que está livre dos desejos, que é puro, habilidoso, indiferente, tranquilo, que renuncia a toda iniciativa, ele, que dessa maneira se devota a Mim, é querido por Mim.

17 Aquele que não se regozija nem odeia, não se lamenta nem deseja, que renuncia ao bem e ao mal, ele, que está cheio de devoção, é querido por Mim.

18 Aquele que é o mesmo com o amigo e o inimigo, na honra e na desonra; que é o mesmo no calor e no frio, no prazer e na dor, livre de todo o apego,

19 ... para ele, o elogio e a crítica são iguais; ele é silencioso, está contente com tudo, não tem moradia fixa, possui a mente firme e é cheio de devoção. Tal ser humano é querido por Mim.

20 Mas aqueles que seguem esse *dharma* imortal como descrevi, que têm fé (*shraddha*) e têm a Mim como objetivo supremo, esses devotos são especialmente queridos por Mim.

... assim termina o décimo segundo capítulo, intitulado

O caminho da devoção

CAPÍTULO XIII

Kshetra Kshetrajna Vibhaga Yoga

O CAMINHO DA DISTINÇÃO ENTRE O CAMPO E O CONHECEDOR DO CAMPO

Preâmbulo

Arjuna disse:

A matéria (*prakriti*) e o espírito (*purusha*), o campo (*kshetra*) e o conhecedor do campo (*kshetrajna*), o conhecimento e aquilo que deve ser conhecido – isso, ó Keshava (Krishna), eu desejo aprender.

O Senhor Abençoado disse:

1 Este corpo, ó Kaunteya (Arjuna), é chamado de campo (*kshetra*), e os sábios chamam àquele que sabe isso de conhecedor do campo (*kshetrajna*).

Kshetra, o campo de experiência, faz alusão ao corpo humano, o campo onde os acontecimentos se dão. Todo crescimento, declínio e morte ocorrem nele. ***Kshetrajna***, o conhecedor do campo, é o Eu consciente e sábio.

O princípio consciente, sem ação, que jaz por trás de toda a atividade como testemunha. Em outras palavras, pode-se dizer a alma ou o espírito encarnados.

2 Ó Bhârata (Arjuna), sabe que Eu sou o conhecedor do campo em todos os campos. Considero o conhecimento do campo e o conhecedor do campo como o verdadeiro conhecimento.

3 Ouve de Mim brevemente o que é o campo e qual é a sua natureza; quais são as suas mudanças e de onde elas vêm. E, também, quem é Ele [o conhecedor do campo] e quais são os seus poderes.

4 Isso tem sido cantado de muitas maneiras pelos Rishis (sábios videntes), em vários hinos e também nos aforismos sobre o Absoluto (*Brahma-Sutra*), com expressões bem fundamentadas e convincentes.

Brahma-Sutra é uma coleção de aforismos e versos sobre a filosofia Vedanta (a essência dos *Vedas*).

5 Os grandes elementos, o egoísmo, o intelecto e também o não manifesto, os dez sentidos mais a mente, e os cinco objetos dos sentidos;

Os **grandes elementos** (*mahabhutas*) são as formas materiais em que a natureza cósmica se manifesta. São cinco: terra, água, fogo, ar e éter ou espaço. O **egoísmo** (*ahamkara*) representa o ego, o senso de "eu" e "meu" que surge em nós quando nos identificamos com o mundo dos objetos. O **intelecto** (*buddhi*) e a inteligência trazem a capacidade racional de pensar e categorizar todas as impressões sensoriais. Desenvolvem as capacidades humanas de observar, atentar, discernir e desenvolver a intuição. O **não manifesto** (*mulaprakriti*) refere-se à origem, à raiz da natureza, da matéria, o elemento primordial a partir do qual todas as formas se desenvolvem, da mais sutil à mais rude.

Segundo o Yoga, temos **dez sentidos mais a mente** (*indriyas*). São eles: os cinco órgãos dos sentidos da percepção (visão, audição, olfato, paladar e tato), os chamados *jnanendriyas*, e os cinco órgãos dos sentidos da ação (fala, locomoção, ato de segurar, evacuação e procriação), os *karmendriyas*. São os veículos pelos quais os seres percebem o estímulo e respondem a ele.

Cada órgão do sentido da percepção tem um campo definido de **objetos dos sentidos** para assimilar. Os olhos percebem as formas; os ouvidos ouvem os sons; o nariz sente os cheiros; a língua reconhece o sabor; e a pele vivencia o toque. Cada um deles só percebe o objeto ligado ao seu próprio sentido.

6 ... desejo, aversão, prazer, dor, agregado (o conjunto do corpo), inteligência e coragem: esse é o campo com suas modificações, que em síntese foi descrito.

Reunidos os cinco grandes elementos, o ego, o intelecto, a matéria primordial, os dez sentidos, a mente, os cinco órgãos dos sentidos, mais o espírito, temos os 25 princípios fundamentais (*tattvas*) que constituem o ser, **o campo**, segundo o Samkhya. (*Ver* cap. 2, verso 39)

7 Humildade, modéstia, não violência, tolerância, retitude, serviço ao mestre, pureza, firmeza e autocontrole;

8 ... renúncia aos objetos dos sentidos, ausência de egoísmo, percepção das dores do nascimento, morte, velhice, doença e sofrimento;

9 ... desapego, não identificação do eu com filho, esposa, lar e tudo mais; constante equanimidade diante dos acontecimentos agradáveis ou desagradáveis;

10 ... devoção exclusiva a Mim pelo *yoga* da união, recolhimento a lugares solitários, distância das multidões;

11 ... constância no conhecimento do Espírito, compreensão sobre a finalidade do conhecimento da Verdade; a isso se declara ser o conhecimento, e o oposto disso é a ignorância.

> Pelo elenco de qualidades citadas, fica claro que conhecimento inclui virtudes e prática. Só aprendizado teórico não é conhecimento.

12 Vou te descrever aquilo que é para ser conhecido; por meio desse conhecimento atinge-se a imortalidade, o Supremo Brahman sem começo. Diz-se que Ele não é existência, nem não existência.

> **Existência**, em sânscrito, é *sat*, e **não existência** é *asat* (*ver* cap. 2, verso 16). *Sat* é aquilo que, frente a todas as mudanças do mundo, sempre existe e se mantém igual em todos os períodos de tempo – passado, presente e futuro. Não existência (*asat*) é aquilo que muda continuamente, como o corpo e as demais formas transitórias da matéria, do mesmo modo que nossos sentimentos, ideias e ações.

Brahman não é a existência nem a não existência. Brahman é uma instância além, que ilumina ambas.

13 Ele habita o mundo envolvendo tudo. Em todo lugar estão Suas mãos e Seus pés, Suas cabeças e bocas, Seus olhos e ouvidos.

14 Ele ilumina por meio das funções de todos os sentidos, contudo é desprovido dos sentidos; é desapegado, embora sustente tudo; mesmo não tendo qualidades (*gunas*), Ele as experimenta.

15 Ele existe fora e dentro de todos os seres, é imóvel e também móvel; por sua sutileza, é incompreensível. Ele está longe e também perto.

16 É indivisível, embora apareça como se estivesse dividido em todos os seres. Ele é conhecido como o que mantém todos os seres e também como o que os devora e os cria.

17 Ele é a Luz das luzes; diz-se que está além da escuridão. Ele é o conhecimento, aquilo a ser conhecido, e a meta do conhecimento. Ele vive no coração de todos.

18 Assim foram brevemente descritos o campo, o conhecimento e aquilo a ser conhecido. Meus devotos que compreendem isso estão qualificados para o Meu estado [de Ser Supremo].

19 Sabem que ambos, a matéria (*prakriti*) e o espírito (*purusha*), não têm começo; sabem também que todas as modificações e qualidades (*gunas*) nascem da matéria.

20 A matéria é considerada a fonte produtiva da causa e do efeito. Na experiência do prazer e da dor, o espírito é considerado a causa.

Baseado em Radhakrishnan, entende-se que o corpo e os sentidos são produzidos pela matéria (*prakriti*), e a experiência de prazer e dor têm sua causa no espírito (*purusha*), que aqui se identifica com o corpo e interpreta os contatos com os objetos dos sentidos com alegria ou tristeza.

21 O espírito estabelecido na matéria experimenta as qualidades nascidas da matéria; o apego a essas qualidades é a causa de seu nascimento em ventres bons ou maus.

22 O Supremo Espírito neste corpo é chamado de a Testemunha, o Possibilitador, o Protetor, o Conhecedor, o Grande Senhor e Supremo Ser.

Segundo Swarupananda, o **Supremo Espírito** (Parapurusha) não participa das atividades do corpo (matéria); ele fica à parte, embora pareça estar presente. É uma **Testemunha**, não um participante das atividades da matéria. Para Swami Chinmayananda, a *Gita* diferencia os dois *purushas*: o inferior, que é o conhecedor do campo, e o superior, que é o Supremo Espírito, não condicionado à matéria. Ambos atuam **neste corpo**.

23 Portanto, aquele que conhece o espírito e a matéria com suas qualidades, seja qual for seu modo de vida, não nascerá novamente.

24 Pela meditação, alguns percebem o Ser por si mesmos; outros, pelo caminho do conhecimento (Samkhya Yoga); outros, ainda, pelo caminho da ação (Karma Yoga).

25 Alguns, também, não possuindo tal conhecimento, adoram [o Ser] tal como escutaram de outros. Eles também conquistam a morte ao seguir com devoção aquilo que escutaram.

26 Ó Melhor dos Bhâratas (Arjuna), sabe que qualquer ser que nasça, móvel ou imóvel, existe pela união do campo e do conhecedor do campo.

27 Vê verdadeiramente aquele que percebe o Senhor Supremo vivendo igualmente em todos os seres; o imperecível no meio do perecível.

28 Ao ver o Senhor existir igualmente em todo lugar, ele não fere o [seu verdadeiro] Eu com o eu e, assim, atinge a meta suprema.

29 Aquele que vê que todas as ações são feitas somente pela matéria, e que o Eu não age, ele vê verdadeiramente.

30 Quando ele vê que a existência dos vários seres tem origem no Um e que suas manifestações provêm somente desse Um, então ele se torna *um* com Brahman.

31 Esse Ser Supremo, imutável, sem começo nem qualidades (*gunas*), ó Filho de Kunti (Arjuna), embora existindo no corpo, Ele não age nem é maculado [pela ação].

32 Como o espaço, que tudo permeia e não é maculado devido à sua sutileza, assim também o Ser, existindo em todo o lugar no corpo, não sofre mácula nenhuma.

> *Akasha* – o **espaço**, o éter – o mais sutil dos cinco elementos da natureza (terra, água, fogo, ar e éter). A substância que preenche e permeia todo o Universo. Segundo alguns estudiosos, nele estão armazenados a totalidade dos conhecimentos do passado, do presente e do futuro. É o veículo da vida e do som. Na psicologia de Jung, corresponderia ao inconsciente coletivo.

33 Assim como um único Sol ilumina o mundo inteiro, assim também o Senhor do campo ilumina o campo inteiro (corpos), ó Bhârata (Arjuna).

34 Aqueles, então, que pelos olhos da sabedoria percebem a distinção entre o campo (*kshetra*, corpo) e o conhecedor do campo (*kshetrajna*, espírito), bem como os seres libertos da matéria (*prakriti*), eles atingem o Supremo.

... assim termina o décimo terceiro capítulo, intitulado

O caminho da distinção entre o campo e o conhecedor do campo

CAPÍTULO XIV

Guna Traya Vibhaga Yoga
O CAMINHO DA DISTINÇÃO ENTRE AS TRÊS QUALIDADES

O Senhor Abençoado disse:

1 Novamente vou te falar da Sabedoria Suprema, que está além de toda sabedoria. Ao possuírem esse conhecimento, todos os sábios atingiram, após esta vida, a mais alta perfeição.

2 Eles, que alcançaram o Meu Ser valendo-se dessa sabedoria, não nascem no tempo da criação nem são afetados no tempo da dissolução.

3 O meu ventre é a grande *prakriti* (natureza material). Nele eu deposito a semente, e dele, ó Descendente de Bhârata, nascem todos os seres.

Em algumas traduções da *Gita*, no lugar de "**a grande *prakriti***" é usado o termo "o grande Brahma", pois refere-se à manifestação do Divino na existência. Como diz Radhakrishnan: "Se fôssemos somente produto da natureza, não poderíamos alcançar a vida eterna. Este verso afirma que toda existência é uma manifestação do Divino; Ele é a semente cósmica. Referindo-se a este mundo, Ele se torna a alma cósmica".

Brahma, o deus criador de todo o Universo. (*Ver* cap. 3, verso 15)

4 Em quaisquer formas nascidas nos vários ventres, ó Kaunteya (Arjuna), a grande Prakriti é o ventre [matriz], e Eu sou o pai que deposita a semente.

5 Ó Mahabaho (Arjuna), as três qualidades (*gunas*), *sattva*, *rajas* e *tamas*, nascidas da natureza material (*prakriti*), aprisionam no corpo o ser imperecível encarnado.

Gunas são as três qualidades inseparáveis da natureza: ***sattva***, ***rajas*** e ***tamas***. (*Ver* cap. 2, verso 45)

6 Entre elas, *sattva*, por sua pureza, é luminosa e saudável. Ela prende, ó Anagha (Arjuna), pelo apego à felicidade e apego ao conhecimento.

Anagha é o Sem Pecados, o Sem Erros. Epíteto de Arjuna.

7 Saiba que *rajas* tem a natureza da paixão, a fonte de desejo e apego. Rapidamente, ó Kaunteya (Arjuna), ela prende o encarnado pelo apego à ação.

8 E saiba que *tamas*, nascida da ignorância, ilude todos os seres encarnados. Ó Bhârata (Arjuna), ela prende pela negligência, indolência e sono.

9 Ó Bhârata (Arjuna), *sattva* produz apego à felicidade; *rajas*, à ação; enquanto *tamas*, que encobre o conhecimento, leva ao apego, à negligência.

10 Ó descendente de Bhârata (Arjuna), *sattva* aparece quando predomina sobre *rajas* e *tamas*. Da mesma forma *rajas*, quando predomina sobre *sattva* e *tamas*, e *tamas*, quando predomina sobre *sattva* e *rajas*.

11 Quando a luz do conhecimento irradia através de todas as portas [dos sentidos] deste corpo, então se pode saber que *sattva* predomina.

> **Portas dos sentidos**, ou portas de entrada (*jnanendriyas*), faz referência aos cinco órgãos dos sentidos de percepção, de conhecimento e compreensão: os ouvidos, pelos quais se ouve; os olhos, pelos quais se vê; o nariz, pelo qual se cheira; o paladar, pelo qual se saboreia, e a pele, pela qual se sente o tato. Por meio do conhecimento luminoso, cada sentido percebe mais além do que a interpretação comum.

12 Avidez, atividade, empreendimentos, agitação, ambição – tudo isso aparece quando predomina *rajas*, ó Bharatarsabha (Arjuna).

13 Escuridão (ignorância), inércia, negligência, ilusão – tudo isso aparece quando predomina *tamas*, ó Descendente de Kuru (Arjuna).

14 Se um encarnado encontra a morte quando *sattva* predomina, ele alcança as regiões imaculadas dos conhecedores do Altíssimo.

15 Ao encontrar a morte quando *rajas* predomina, ele renasce entre os apegados à ação; e, ao morrer quando *tamas* predomina, ele renasce em ventres de insensatos.

16 Diz-se que o fruto da ação *sáttvica* é harmonia e pureza; o fruto da ação *rajásica* é dor; e o fruto da ação *tamásica* é ignorância.

17 De *sattva* nasce a sabedoria, de *rajas* a avidez, e de *tamas* nascem a negligência, a ilusão e a ignorância.

18 Aqueles que permanecem em *sattva* vão para cima; os que estão em *rajas* ficam no meio [do caminho], e os que ficam em *tamas*, nas ações da pior qualidade, vão para baixo.

> Na evolução espiritual, o ser humano ascende, flutua ou cai de acordo com as qualidades que prevalecem nele, mas o ideal é transcender as três qualidades e agir por decisão própria, seguindo o seu discernimento e sua determinação.

19 Quando o vidente observa que não há outro agente a não ser as qualidades (*gunas*) e conhece Aquele que está acima delas, ele alcança o Meu Ser.

20 Quando o ser encarnado transcende essas três qualidades (*gunas*) em que o corpo físico está envolto, ele fica livre do nascimento, morte, velhice e sofrimento e alcança a imortalidade.

Arjuna disse:

21 Ó Senhor, quais são os sinais daquele que transcendeu as três qualidades (*gunas*)? Como ele se comporta e como ele transcende esses três *gunas*?

O Senhor abençoado disse:

22 Ó Pandava (Arjuna), aquele que não rejeita a presença da iluminação, da atividade e da ilusão quando elas surgem, nem as anseia quando desaparecem;

> A **presença da iluminação** é a preponderância de *sattva*; a **atividade** refere-se a *rajas*; e a **ilusão** aponta para *tamas*.

23 ... ele, que se senta tranquilo e não se perturba com as qualidades (*gunas*), mantém a mente quieta e centrada, sabendo que são somente as qualidades que agem;

> O conhecimento correto não despreza nem almeja os efeitos das três qualidades.

24 ... ele, que é o mesmo no prazer e na dor, firme no seu próprio ser, que olha com igualdade um torrão de terra, uma pedra e o ouro; que se mantém o mesmo no agradável e no desagradável, no elogio e na censura;

> (*Ver* cap. 5, verso 18, *e* cap. 6, verso 8)

25 ... que é o mesmo na honra e na desonra, é igual para o amigo e o inimigo, que desiste de todos os empreendimentos, diz-se que ele transcende as três qualidades (*gunas*).

Desistir dos empreendimentos significa libertar-se da ideia de agir só para benefício próprio. Essa é a resposta para a segunda pergunta de Arjuna no verso 21.

26 E ele, que se dedica a Mim com devoção inabalável e transcende as três qualidades (*gunas*), está preparado para tornar-se Brahman.

Essa é a resposta para a terceira pergunta do verso 21.

27 Porque Eu sou a morada de Brahman, o imortal e imutável, e do eterno *dharma*, e da felicidade absoluta.

... assim termina o décimo quarto capítulo, intitulado

O caminho da distinção entre as três qualidades

CAPÍTULO XV

Purushottama Yoga
O CAMINHO DO ESPÍRITO SUPREMO

O Senhor Abençoado disse:

1 Fala-se da imperecível árvore Ashvattha, cujas raízes estão
para cima e os galhos para baixo. Suas folhas são os *Vedas*, e quem
a conhece, conhece os *Vedas*.

Ashvattha: *ver* cap. 10, verso 26.

Vedas são as escrituras sagradas mais antigas da Índia. (*Ver* cap. 2, verso 42)

2 Seus galhos se espalham para baixo e para cima, nutridos
pelas qualidades (*gunas*); os objetos dos sentidos são seus botões,
e suas raízes se espalham para baixo no mundo humano, dando
origem a ações.

3 Sua forma não é visível aqui, nem seu fim, nem sua ori-
gem, nem sua existência. Cortando-se as raízes vigorosas da árvo-
re Ashvattha com a poderosa espada do desapego,

4 ... então, o objetivo deve ser buscado, e aqueles que o alcançarem não retornarão mais e dirão: "Eu me refugio no Ser Primevo (*Purusha*), do qual emana a Energia eterna".

5 Livres de orgulho e ilusão, com o mal do apego conquistado, sempre devotados ao Eu (Supremo), com os desejos totalmente pacificados, e libertos dos pares de opostos conhecidos como prazer e dor, esses esclarecidos atingem a Meta eterna.

6 Onde nem o Sol, nem a Lua, nem o fogo ilumina, aí é Minha morada suprema. Quem a alcança nunca mais renasce.

7 É uma fração eterna do Meu próprio ser, que se torna a alma vivente no mundo da vida e atrai para si os cinco sentidos mais a mente, o sexto, que estão na natureza.

Uma fração eterna do Meu próprio ser não significa que o Supremo se divida em fragmentos. Shankaracharya disse: "O eu é uma parte do Ser Supremo, do mesmo modo que o espaço em um jarro de barro ou em uma casa faz parte do espaço universal". Em cada um de nós há uma centelha da Divina Consciência, e ela se manifesta somente se nós a consentimos. **Os cinco sentidos mais a mente**, considerada o sexto sentido, são expressões transitórias do Eu, o Ser Supremo, que atuam na matéria como instrumentos para a comunicação com o mundo.

8 Quando o Senhor assume um corpo e depois o deixa, Ele leva consigo [os sentidos e a mente], tal como o vento, que carrega o perfume das flores dos lugares por onde passa.

9 Ao controlar o ouvido, os olhos, o sentido do tato, do paladar, do olfato e também a mente, Ele desfruta dos objetos dos sentidos.

10 O iludido não O percebe quando Ele deixa o corpo ou permanece nele experimentando-o, ou quando está unido às qualidades (*gunas*); mas aqueles que têm o olhar da sabedoria O veem.

11 Os *yogis* aplicados O percebem vivendo neles próprios. Mas os indisciplinados e tolos, mesmo com esforço, não O veem.

Yogis ou iogues: *ver* cap. 4, verso 18.

12 A luz que habita o Sol e ilumina o mundo inteiro, e a que está na Lua e no fogo – saiba que essa luz é Minha.

13 Ao penetrar na Terra, Eu sustento todos os seres com Minha energia; e, ao tornar-Me a seiva da Lua, nutro todas as plantas.

14 Vivendo nos corpos dos seres vivos como o fogo da vida (*vaishvanara*) e associado à absorção e à eliminação (*prana* e *apana*), eu faço a digestão das quatro maneiras de alimentar-se.

Fogo da vida, ou o calor da vida e do estômago, refere-se ao fogo magnético que penetra no sistema solar manifestado, sendo o aspecto mais objetivo da existência. A Realidade Última é indicada como o poder da vida, que, ao pulsar pelo corpo, revela a si própria como o "fogo digestivo", aquele que assimila o alimento ingerido. Esse alimento consumido enquadra-se em quatro formas de absorção: o mastigar, o engolir, o sugar e o lamber. O que é ingerido pela boca passa pelo sistema digestivo, que é a manifestação do Princípio Vital.

15 Estou alojado no coração de todos. De mim provêm a memória e o conhecimento, e também a perda deles. Sou Aquele que é para ser conhecido em todos os *Vedas*. Sou também o Autor do Vedanta e o Conhecedor dos *Vedas*.

Considerada a base filosófica do hinduísmo, **Vedanta** é a culminação ou a essência dos *Vedas*, as escrituras sagradas mais antigas da Índia, que têm como princípio o autoconhecimento e a autorrealização.

16 Neste mundo há dois seres (*purusha*), o perecível e o imperecível. Todos os seres são perecíveis, mas o Imutável (Kutastha) é imperecível.

Kutastha, a Divina Inteligência, o Eterno, o Imutável.

17 Porém, há outro, o Altíssimo Ser, chamado o Supremo Ser; como Senhor Imutável, ele permeia os Três Mundos e os mantém.

Supremo Ser (Paramatma) reporta-se à consciência absoluta, ao Espírito imanente que habita e movimenta a criação.

Três Mundos (Triloka) – (*Ver* cap. 1, verso 35, *e* cap. 3, verso 22).

18 Por Eu estar além do perecível e mais ainda do Imperecível, sou bem conhecido no mundo e nos *Vedas* como o Espírito Supremo (Purushottama).

19 Aquele que, livre de ilusão, conhece a Mim, o Espírito Supremo (Purushottama), ele conhece tudo e Me venera com todo o seu ser, ó Descendente de Bhârata (Arjuna).

20 Assim, ó Sem Erros, Eu te revelei este ensinamento mais secreto. Quem compreende isso se torna sábio, e todos os seus deveres estão cumpridos, ó Descendente de Bhârata (Arjuna).

... assim termina o décimo quinto capítulo, intitulado

O caminho do Espírito Supremo

CAPÍTULO XVI

Daivasura Sampad Vibhaga Yoga

O CAMINHO DA DISTINÇÃO ENTRE O DIVINO E O DEMONÍACO

O Senhor abençoado disse:

1 Destemor, coração puro, perseverança no conhecimento e no *yoga*, caridade, controle dos sentidos, sacrifício, estudo das Escrituras, austeridade e retidão;

O ***yoga*** é o caminho do conhecimento posto em prática.

2 ... não violência, verdade, ausência de raiva, renúncia, tranquilidade, não maledicências, compaixão pelos seres, não avidez, gentileza, modéstia, estabilidade;

3 ... vigor, clemência, firmeza, pureza, ausência de aversão e orgulho. Essas qualidades, ó descendente de Bhârata (Arjuna), pertencem àquele que nasceu com a natureza divina.

Esse grupo de 26 qualidades nos mostra a natureza divina do ser humano e constitui sua saúde espiritual. O devoto deve se esforçar para consegui-las.

4 Ostentação, arrogância, presunção, raiva e também rudeza e ignorância pertencem, ó Partha (Arjuna), àqueles que nascem com natureza demoníaca.

Os Asuras são uma classe de seres divinos que agem, por vezes, com discernimento, mas, por vezes, com **ignorância**. (*Ver* cap. 7, verso 15)

5 A natureza divina leva à liberação, e a demoníaca, à servidão. Não te preocupes, ó Pandava (Arjuna), tu nasceste com a natureza divina.

6 Há dois tipos de seres neste mundo: o divino e o demoníaco. O divino já foi descrito em detalhes; agora escuta sobre o demoníaco, ó Partha (Arjuna)!

7 As pessoas de natureza demoníaca não sabem o que deve ser feito e o que não deve ser feito. Nelas não há pureza, nem boa conduta, nem verdade.

8 Elas dizem: "O Universo não tem verdade, não tem princípios, nem Deus; ele nasceu de união mútua causada pela luxúria. O que mais?".

Há os que negam as leis naturais e acreditam que os acontecimentos no mundo simplesmente se dão sem uma ordem, sem uma base moral. Julgam que o mundo está aqui apenas para ser aproveitado, que o prazer sexual é o único motivo da vida. Creem que a morte é o fim e depois dela não há mais nada. Confusos, envolvidos pela ilusão, eles caem no Inferno profundo.

A pergunta "**o que mais?**", em linguagem coloquial, tem o significado de "além disso não há nada mais".

9 Com esse ponto de vista, essas almas arruinadas, de pouco entendimento e ações ameaçadoras, erguem-se como inimigas do mundo, para a destruição dele.

10 Entregues a desejos insaciáveis, cheios de hipocrisia, orgulho e arrogância, mantendo ideias más devido a ilusão, elas agem com propósitos impuros.

11 Cercadas por inúmeras preocupações que só terminam com a morte, considerando a satisfação dos desejos como o objetivo máximo, sentem-se certas de que isso é tudo.

12 Aprisionadas por centenas de armadilhas de expectativas, entregues à luxúria e à raiva, elas se empenham em acumular riquezas por meios desonestos para satisfazer seus apetites sensuais.

13 "Isto eu obtive hoje, agora satisfarei este desejo, isso é meu, e essa riqueza no futuro também será minha."

14 "Aquele inimigo eu já matei, e os outros eu também matarei. Eu sou o senhor, eu me deleito, tenho sucesso, sou poderoso e feliz."

15 "Sou rico e bem-nascido. Quem pode ser comparado a mim? Oferecerei sacrifícios, farei doações, vou gozar a vida." Assim falam os iludidos pela ignorância.

16 Confusos com tantas fantasias, presos na armadilha da ilusão, viciados na satisfação dos desejos, eles caem dentro de um inferno imundo.

17 Convencidos, arrogantes, cheios de orgulho e intoxicados pela riqueza, eles realizam sacrifício somente por ostentação, desconsiderando as regras das Escrituras.

18 Possuídos pelo egoísmo, poder, arrogância, luxúria e raiva, essas pessoas malignas Me desprezam no seu próprio corpo e no dos outros.

19 Esses seres cruéis e odiosos, os piores entre os homens, esses malfeitores Eu sempre lanço em ventres demoníacos, nos ciclos de nascimento e morte.

20 Ao entrarem em ventres demoníacos, e iludidos em nascimento após nascimento, sem Me alcançar, ó Kaunteya (Arjuna), eles caem para condições mais baixas ainda.

21 São três os portões do inferno que arruínam a alma: luxúria, raiva e ganância. Portanto, esses três devem ser abandonados.

22 O homem que se liberta desses três portões de escuridão, ó filho de Kunti (Arjuna), faz o bem a si mesmo e com isso alcança o objetivo supremo.

23 Mas aquele que desdenha os preceitos das Escrituras e age sob o impulso do desejo não alcança nem perfeição, nem felicidade, nem a meta suprema.

24 Portanto, permita que as Escrituras determinem o que deve e o que não deve ser feito. Conhecendo as regras das Escrituras, aja neste mundo.

A conduta correta só pode ser determinada quando a pessoa tem perfeito conhecimento do que deve ser feito e do que deve ser evitado, agindo sempre corretamente em todas as circunstâncias. O desejo deve ser dirigido pela ação correta e com meta em restabelecer a união com o Eu Superior.

... assim termina o décimo sexto capítulo, intitulado

O caminho da distinção entre o divino e o demoníaco

CAPÍTULO XVII

Sraddha Traya Vibhaga Yoga

O caminho da distinção entre os três tipos de fé

Arjuna disse:

1 Ó Krishna, aqueles que negligenciam os mandamentos das
Escrituras mas oferecem sacrifícios com fé, qual é a condição de-
les: *sattva*, *rajas* ou *tamas*?

Sattva, a harmonia, o equilíbrio, o positivo; ***rajas***, a atividade, o dinamismo, o passional; e ***tamas***, a inatividade, a inércia, o passivo – são as três qualidades inseparáveis da natureza (*gunas*). A constituição interna do Universo é feita dessas qualidades. No ser humano, manifestam-se como temperamentos e compõem a mente e o intelecto. Libertar-se dessas qualidades é transcender a mente e redescobrir a si como sendo Deus. É transportar-se do campo da imperfeição para a região da bem-aventurança.

O Senhor abençoado disse:

2 A fé dos seres encarnados, nascida de sua própria natureza, é de três tipos – *sattva*, *rajas* e *tamas*. Escuta sobre isso.

3 Em cada um a fé está em conformidade com a sua natureza, ó Bhârata (Arjuna). O homem é feito de sua fé. Como é a sua fé, assim também ele é.

4 Os sáttvicos veneram os deuses; os rajásicos, os semideuses e demônios; e os tamásicos, os fantasmas e os espíritos.

> **Deuses** (Devas) são aqueles que brilham, seres que habitam um reino acima do reino humano. **Semideuses** (Yakshas) são os seres sem características especiais, mas são bons.
>
> **Demônios** (Rakshasas) são os seres de poder e força, com características boas e más.
>
> **Fantasmas** (Bhutas) são chamados também de espíritos da natureza. **Espíritos** (Petas), ou espíritos famintos, são os seres que, após a morte, ainda ficam presos à parte de sua constituição tomada por más condutas.

5 Os que praticam austeridades severas não prescritas nas Escrituras, possuídos de hipocrisia e egoísmo, impelidos pela força da luxúria e do apego,

6 ... insensíveis, torturam todos os órgãos dos sentidos e também a Mim, que habito em seu corpo; saiba que isso é uma decisão demoníaca.

7 O alimento que cada um prefere também é de três tipos, assim como o sacrifício, a austeridade e as doações. Ouça como diferem.

8 Os alimentos que aumentam a vida, a energia, o vigor, a saúde, a alegria e o bom apetite, que são saborosos, suaves, substanciosos e agradáveis; eles são apreciados pelas pessoas de natureza sáttvica.

9 Os alimentos amargos, ácidos, salgados, apimentados, azedos, secos e ardidos causam dor, tristeza e doença; eles são preferidos pelas pessoas de natureza rajásica.

10 Os alimentos amanhecidos, insípidos, estragados, fétidos, impuros e as sobras; eles são apreciados pelas pessoas de natureza tamásica.

11 O sacrifício é sáttvico quando oferecido por pessoas que não visam aos frutos da ação e que o fazem convictos de que é um dever, de acordo com as Escrituras.

> Sacrifício sáttvico, *yajna*, tem o sentido de *sacro-ofício*, ação sagrada, oferenda. Todas as ações devem ser praticadas como sacrifício. (*Ver* cap. 3, verso 9)

12 Mas, quando o sacrifício é oferecido visando aos frutos da ação e por ostentação, ó Melhor dos Bharatas (Arjuna), saiba que ele é rajásico.

13 O sacrifício é tamásico quando é oferecido em desacordo com as regras, quando alimentos não são distribuídos, não há mantras nem donativos, nem há fé.

14 A reverência aos deuses, aos nascidos duas vezes, aos gurus e aos sábios; pureza, retidão, continência e não violência; a isso se chama austeridade do corpo.

> Austeridade (*tapas*) são exercícios espirituais intensos, movidos por força de vontade e autodisciplina, para atingir o objetivo de realizar a Deus.

15 As palavras que não magoam, que são verdadeiras, agradáveis, benéficas, bem como a prática dos estudos das Escrituras; a isso se chama austeridade da fala.

16 Serenidade mental, bondade, silêncio, autocontrole, pureza de coração; a isso se chama austeridade da mente.

17 Esses três tipos de austeridade, praticadas com grande fé por homens equilibrados que não desejam recompensas, são chamados sáttvicos.

18 A austeridade praticada visando ganhar respeito, honra, reverência, e feita com ostentação, diz-se que é rajásica, instável e transitória.

19 A austeridade praticada com propósitos tolos, para torturar-se ou para prejudicar outros, diz-se que é tamásica.

20 A doação feita a alguém que nada dará em troca, sabendo-se ser um dever dar no lugar e no tempo certo e à pessoa certa, considera-se que é sáttvica.

21 A doação feita com a intenção de receber algo em troca, ou buscando-se os frutos, ou ainda feita com relutância, considera-se que é rajásica.

22 A doação feita no lugar e tempo errados, a pessoas indignas, sem respeito ou feita com desdém, diz-se que é tamásica.

23 "*Aum Tat Sat*": essa é a tríplice designação de Brahman. Por esse nome foram criados os antigos *Brahmanas*, os *Vedas* e os sacrifícios.

A frase ***Aum Tat Sat*** ou *Om Tat Sat* é composta de três palavras que denotam um aspecto da Realidade. ***Aum*** – comumente escrito "Om", pois esse é o som emitido ao invocar-se a palavra – representa o Eu Absoluto, puro, transcendental e não nascido. ***Tat*** retrata o objetivo eterno, o todo, o imutável e sempre perfeito. Indica aquilo do qual tudo veio, no qual tudo existe e se funde novamente no fim. *Sat* significa existência. É o princípio da existência que funciona em todas as coisas. O percebido, sentido e pensado em nossa vida cotidiana.

Brahmanas são comentários em prosa aos *Vedas*, com explicações dos rituais e dos sacrifícios (*sacro-ofícios*). Foram criados provavelmente entre 900 a.C. e 500 a.C.

24 Por essa razão, os seguidores de Brahman sempre iniciam os atos de sacrifícios, doações e austeridades invocando *Aum*, como sugerem as Escrituras.

25 Entoando *Tat* sem almejar resultados, os que buscam a liberação oferecem vários atos de sacrifício, austeridades e doações.

26 A palavra *Sat* é empregada no sentido de realidade e bondade, ó Partha (Arjuna), e ela também é usada nas ações auspiciosas.

Sat é o real, o eterno, absoluto, imutável. É aquilo que, frente a todas as mudanças do mundo, sempre existe e se mantém o mesmo em todos os períodos de tempo – passado, presente e futuro.

Ações auspiciosas aludem a todas as atividades benéficas para alcançar a união com o Divino.

27 Estabilidade no sacrifício, na austeridade e na doação também se diz ser *Sat*; e as ações relativas a esses fins [dedicadas ao Supremo] também são chamadas *Sat*.

28 Ó Partha (Arjuna), qualquer sacrifício que for oferecido, doação feita ou austeridade praticada sem fé, é chamado *asat*. É sem valor tanto aqui como no futuro.

Asat é o irreal, o não ser, a não existência. Chamado de base do mundo material, é aquilo que muda continuamente, como o corpo e as demais formas transitórias da matéria, bem como nossos sentimentos, ideias e ações.

... assim termina o décimo sétimo capítulo, intitulado

O caminho da distinção entre os três tipos de fé

CAPÍTULO XVIII

Moksha Samnyasa Yoga

O CAMINHO DA LIBERAÇÃO POR MEIO DA RENÚNCIA

Arjuna disse:

1 Ó Braços Vigorosos, ó Senhor dos Sentidos, ó Destruidor do Demônio Keshi (Krishna), eu desejo saber, respectivamente, qual é a verdadeira natureza de *sannyasa* (renúncia), bem como de *tyaga* (abdicação).

Demônio Keshi significa o mal, a ignorância. ***Sannyasa*** (renúncia) é o quarto e último estágio da vida, em que o praticante abandona todas as coisas mundanas e todos os interesses egoístas. Seu esforço é para chegar a *moksha* (liberação) e à união com Deus. Aquele que tem a sabedoria espiritual e renuncia aos desejos e apegos ao mundo material para realizar Deus torna-se *sannyasin*. ***Tyaga*** (desistir) é o desprendimento contido na ação não egoísta, que não visa a frutos ou resultados, o princípio básico do Karma Yoga.

O Senhor abençoado disse:

2 Os sábios entendem por *sannyasa* a renúncia às ações impelidas pelo desejo; o versado afirma que abdicar dos frutos de todas as ações é *tyaga.*

A *Gita* não insiste na **renúncia às ações**, e sim na ação com renúncia. A ação em que se abdica dos desejos pessoais é a verdadeira renúncia (*sannyasa*).

3 Alguns pensadores dizem que todas as ações devem ser renunciadas como um mal. Outros consideram que as ações de sacrifício, doação e austeridade não devem ser abandonadas.

Radakrishnan diz que o não agir não é o ideal. A *Gita* ensina a conversão do trabalho em **ações** sem desejos egoístas nem expectativas de recompensa. Afastar-se do mundo, sem agir, não impede o indivíduo de cometer erros; ao contrário, é pondo em prática os ensinamentos das Escrituras Sagradas e dos mestres que podemos vencer os obstáculos para alcançar a meta suprema.

4 Ouça de Mim, ó Melhor dos Bhâratas, ó Tigre entre os Homens (Arjuna), a verdade sobre *tyaga* (abdicar dos frutos de todas as ações). Considera-se que *tyaga* é de três tipos.

5 As ações de sacrifício, doação e austeridade não devem ser abandonadas, e sim executadas. Sacrifício, doação e austeridade são meios de purificação para os sábios.

6 Mas até mesmo essas ações devem ser efetuadas desistindo-se do apego e dos frutos, ó Partha (Arjuna). Essa é a Minha melhor e firme convicção.

7 Na verdade, a renúncia aos deveres não é correta. Por ignorância, abandonar essas ações considera-se ser de natureza tamásica.

8 Aquele que, com medo de sofrimentos físicos, abandona a ação por ser dolorosa, ele pratica um abandono de natureza rajásica e não obtém o fruto dessa desistência.

9 Mas, ó Arjuna, quando um dever é executado somente porque deve ser feito, abandonando-se o apego a ele e também aos seus frutos, esse abandono é considerado de natureza sáttvica.

10 O renunciante imbuído de *sattva* e de firme compreensão, tendo suas dúvidas desfeitas, ele não despreza a ação desagradável nem se apega à agradável.

11 É realmente impossível para um ser encarnado abandonar inteiramente as ações, mas aquele que desiste dos frutos das ações é chamado de verdadeiro renunciante.

12 Agradável, desagradável e misto são os três tipos de frutos da ação que surgem após a morte nos não renunciantes, porém jamais surgem nos renunciantes.

13 Ó Braços Fortes (Arjuna), aprenda Comigo as cinco causas para a realização de todas as ações, tais como são relatadas no sistema Samkhya.

> Segundo Yogananda, para alcançar Brahman há dois caminhos: Samkhya Yoga e Vedanta. Primeiro deve-se seguir os conselhos do **Samkhya** (*ver* cap. 2, verso 39) e, mais importante, praticar as técnicas do *yoga*. Depois

de compreender Brahman, os textos do Vedanta sobre Ele ficam mais significativos.

14 O corpo, o agente (ego), os vários sentidos, as diferentes funções e a divindade que preside, que é a quinta causa;

O **corpo** é a primeira causa, a que executa a ação, pois sem ele nenhuma ação – física, mental, espiritual – pode existir. A segunda causa é o **ego** ou agente, o eu psíquico; a terceira são **os vários sentidos** – audição, olfato, visão, paladar, tato e a mente –; a quarta são as **funções** da energia vital no corpo; a quinta é a **divindade**, o fator supra-humano que dispõe sua lucidez no esforço humano. (*Ver* cap. 2, verso 14)

15 ... essas são as cinco causas de qualquer ação, seja ela certa ou não, realizada pelo ser humano por meio de seu corpo, fala e mente.

16 Sendo assim, o ser humano de compreensão deturpada, que vê a si [o seu ego] como o único agente [da ação], acima do seu Eu (Atman), o Absoluto, ele não distingue [a verdade].

O ser humano acreditar ser o único autor daquilo que sente, pensa, almeja e faz é ilusão. Este corpo e o Cosmos são regidos pelo Supremo. O iogue sábio compreende que tudo é originalmente Brahman e que sem seu poder toda atividade da existência individual cessaria. (*Ver* cap. 2, verso 14)

17 Aquele que está livre de egoísmo, cuja compreensão não é afetada [pelo bom e mau], embora mate essas pessoas, ele não as mata nem fica atado [à ação].

Matar é uma expressão metafórica alusiva à importância de deixar de dar vida aos pensamentos e às ações ignorantes, rudes, indevidas, e passar a dar valor ao que faz do ser humano alguém melhor, mais verdadeiro, honesto, cordial, bondoso, amoroso, solidário, respeitoso e muitas qualidades que são próprias da boa índole humana. (*Ver* cap. 11, verso 34)

18 O conhecimento, o objeto do conhecimento e o conhecedor formam o trio que induz à ação. O instrumento (sentidos), o objeto e o agente são o trio que é base da ação.

19 O sistema Samkhya considera que o conhecimento, a ação e o agente são de três tipos, de acordo com suas diferentes qualidades (*gunas*). Ouça isto adequadamente.

20 O conhecimento pelo qual se vê o Uno imutável em todos os seres, o indivisível no divisível, saiba que esse conhecimento é sáttvico.

21 Mas o conhecimento que vê em todos os seres várias entidades de diversos tipos e diferentes umas das outras, saiba que esse conhecimento é rajásico.

22 Enquanto o conhecimento que se agarra a um único efeito como se fosse o todo, sem razão, limitado, sem fundamento na verdade, ele é considerado tamásico.

23 Uma ação obrigatória realizada com desapego, sem amor nem ódio e sem desejo pelos frutos das ações, é chamada sáttvica.

24 Mas a ação que é executada por quem almeja satisfazer seus desejos, ou feita com egoísmo ou muito esforço, é chamada rajásica.

25 A ação que é executada com ignorância, sem se considerarem as consequências, as perdas, os danos e a capacidade humana, é chamada tamásica.

26 O agente que é livre de apegos, que não é egoísta, que é dotado de coragem e entusiasmo e indiferente ao sucesso ou ao fracasso, ele é chamado sáttvico.

27 Aquele que é apaixonado, desejoso dos frutos das ações, ganancioso, violento, impuro, facilmente movido pela alegria ou pela tristeza, tal agente é chamado rajásico.

28 O agente instável, vulgar, arrogante, desonesto, malicioso, indolente, desanimado e moroso é chamado tamásico.

29 Ouça agora, ó Dhananjaya (Arjuna), o que explicarei por completo, e em detalhes, sobre os três tipos de compreensão e firmeza, de acordo com as qualidades (*gunas*).

> Os **três tipos de compreensão** (*buddhi*) referem-se ao entendimento do intelecto, da inteligência, do despertar. A capacidade racional de pensar e categorizar todas as impressões sensoriais. Desenvolvem as aptidões humanas de observar, atentar, discernir e desenvolver a intuição.

30 Ó Partha (Arjuna), saiba que a compreensão sáttvica entende a ação e a abstenção da ação, o que deve ser feito e o que não deve ser feito, o temor e o destemor, a servidão e a liberação.

31 A compreensão rajásica, ó Partha (Arjuna), tem percepção distorcida sobre o certo e o errado, sobre o que deve ser feito e o que não deve ser feito.

32 A compreensão tamásica, ó Partha (Arjuna), envolvida na escuridão, pensa ser certo o que é errado e vê todas as coisas de modo deturpado.

33 A firmeza, que por meio da prática imperturbável do *yoga* controla a atividade da mente, o alento vital (*prana*) e os sentidos, essa firmeza, ó Partha (Arjuna), é sáttvica.

34 Mas a firmeza pela qual se apega ao dever (*dharma*), ao prazer (*kama*), à riqueza (*artha*) e que deseja os frutos das ações, essa firmeza, ó Partha (Arjuna), é rajásica.

35 Aquela firmeza na qual o insensato não abandona o sono, o medo, a tristeza, o desânimo e a arrogância, essa firmeza, ó Partha (Arjuna), é tamásica.

36 Agora ouça de Mim, ó Melhor dos Bhâratas (Arjuna), os três tipos de felicidade. A que é alcançada por prática contínua e que põe fim ao sofrimento.

37 Aquela felicidade que no início é como veneno mas no fim é como néctar diz-se ser sáttvica, nascida pela perfeita compreensão do Eu (Atman).

As atividades iniciais do iogue são experimentadas no conflito com os sentidos, mas, depois, com seu esforço espiritual, a mente vence, e ele experimenta o néctar da alma, a verdadeira felicidade.

38 Aquela que surge do contato dos sentidos com os objetos, que no início parece néctar mas no fim é como veneno, essa felicidade é considerada rajásica.

39 A felicidade que ilude a alma no começo e no fim e provém do sono, da preguiça e da negligência é considerada tamásica.

40 Não há ninguém na terra nem entre os deuses no céu que fique livre das três qualidades (*gunas*) nascidas da natureza material (*prakriti*).

41 Ó Conquistador de Inimigos (Arjuna), os deveres dos sacerdotes (*brahmins*), dos guerreiros (*kshatriyas*), dos comerciantes (*vaishyas*) e dos servidores (*shudras*) são distribuídos de acordo com as qualidades (*gunas*) nascidas de suas respectivas naturezas.

(*Ver* cap. 1, verso 41, *e* cap. 4, verso 13)

42 Controle da mente e dos sentidos, austeridade, pureza, clemência e também retidão, conhecimento, realização e fé em Deus, estes são os deveres inatos à natureza dos sacerdotes (*brahmins*).

43 Bravura, vigor, firmeza, habilidade e também não fugir da batalha, generosidade e liderança, estes são os deveres inatos à natureza dos guerreiros (*kshatriyas*).

44 Agricultura, pecuária e comércio são os deveres inatos à natureza dos comerciantes (*vaishyas*). A ação que consiste em servir é o dever inato à natureza dos servidores (*shudras*).

45 Quando cada um se devota ao seu próprio dever, ele atinge a perfeição. Ouça agora como, devotando-se ao próprio dever, alcança-se a perfeição.

46 Todos os seres têm sua origem Nele, o mundo todo é permeado por Ele; devotando-se a Ele, por meio dos seus próprios deveres, o ser humano atinge a perfeição.

47 É melhor cumprir o próprio dever (*dharma*), mesmo que imperfeito, do que fazer o dever do outro com perfeição. Quem executa o dever estabelecido por sua própria natureza não comete erro.

(*Ver* cap. 3, verso 35)

48 Ó filho de Kunti (Arjuna), não se deve abandonar o dever para o qual nascemos, mesmo que seja imperfeito, pois todo o empreendimento está envolvido em imperfeição, assim como o fogo, pela fumaça.

49 Aquele que em todo lugar tem a compreensão desapegada, que dominou a si mesmo e cujos desejos se desfizeram, pela renúncia ele atinge a suprema perfeição, que consiste na liberdade da ação.

50 Ó filho de Kunti (Arjuna), ouça de Mim, resumidamente, como, depois de conseguir tal perfeição, ele alcança Brahman, o fim supremo da Sabedoria.

51 Dotado de puro entendimento, ele subjuga com firmeza o corpo e os sentidos, abandona o som e outros objetos dos sentidos e abandona a atração e a aversão;

52 ... vive isolado, come só o necessário, controla o corpo, a fala e a mente, está sempre empenhado na meditação e na concentração, ele conserva-se sereno;

53 ... tendo abandonado o egoísmo, o poder, o orgulho, o desejo, a raiva e a posse; livre da noção de "meu" e com a mente em paz, ele está qualificado para tornar-se *um* com Deus.

54 Tornando-se uno com Brahman e sereno consigo mesmo, ele não se aflige nem deseja. Sendo o mesmo com todos os seres, ele alcança a devoção suprema por Mim.

55 Pela devoção ele Me conhece verdadeiramente, sabe o que Sou e quem Sou; conhecendo minha realidade, imediatamente ele entra em Mim.

56 Mesmo sempre fazendo todas as ações, é refugiando-se em Mim que ele atinge, por Minha graça, a morada eterna e imperecível.

57 Entrega mentalmente todas as ações a Mim, considera-Me como o objetivo supremo, tem tua mente sempre fixa em Mim, recorrendo à concentração do teu entendimento.

> Quando o devoto está completamente concentrado em Deus, ele não tem mais necessidade de gerar ações movidas por desejos ou aversões dos seus sentidos.

58 Com tua mente fixa em Mim ultrapassarás todos os obstáculos, por meio de Minha graça. Mas, se por egoísmo não Me ouvires, perecerás.

59 Se, entregue ao egoísmo, pensares: "Eu não lutarei", essa resolução será vã, pois tua natureza (*prakriti*) te forçará a lutar.

60 Ó filho de Kunti (Arjuna), aquilo que por ilusão não quiseres fazer, tu o farás mesmo contra a tua vontade, pois serás compelido por tua própria ação (*karma*), nascida de tua própria natureza.

61 Ó Arjuna, o Senhor habita no coração de todos os seres e os impele a girar, por meio de Seu poder ilusório (*maya*), como se estivessem montados numa máquina.

62 Refugia-te Nele com todo o teu ser, ó Bhârata (Arjuna); pela graça Dele alcançarás a paz suprema e a morada eterna.

63 Assim, recebestes de Mim a sabedoria mais secreta do que todos os segredos. Depois de refletires plenamente sobre ela, faz o que quiseres.

> A sabedoria transmitida por Krishna – ou, poderia se dizer, "transmitida por Deus" – é de uma profundidade extrema, e só quem já possui um amadurecimento interior consegue compreender, respeitar e vivenciar essa condição de plenitude.

64 Ouve novamente Minha palavra suprema, a mais profunda de todas; por tu seres muito amado por Mim, direi o que é melhor para ti.

65 Fixa tua mente em Mim, devota-te a Mim, faze sacrifício a Mim, prostra-te diante de Mim; assim tu deverás Me alcançar. Isso Eu te prometo sinceramente, porque tu és Meu querido.

As palavras significativas ensinadas neste verso já foram sussurradas no capítulo 9, verso 34.

66 Abandona todos os deveres (*dharma*), refugia-te somente em Mim. Eu te libertarei de todo o mal; não te aflijas!

67 Isso nunca deve ser dito por ti àqueles que não têm austeridade ou devoção, tampouco àqueles que não retribuem os serviços, nem aos que falam mal de Mim.

Verdades espirituais são sagradas e devem ser respeitadas, examinadas e praticadas com reverência à sabedoria nelas contida.

68 Aquele que, com devoção suprema a Mim, ensinar esse mistério supremo aos Meus devotos, sem dúvida Me alcançará.

69 Não há ninguém entre os homens que faça um serviço tão valioso para Mim como ele, e não haverá na terra ninguém mais amado por Mim que ele.

70 E quem estudar este nosso diálogo sagrado, por ele Eu serei adorado, por meio do sacrifício da sabedoria; essa é a Minha convicção.

Segundo Yogananda, aqueles que estudam e entendem profundamente a *Gita* realizam o **sacrifício da sabedoria**, queimando a ignorância no fogo do conhecimento ao compreender os textos sagrados e agir de acordo com eles.

71 Mesmo aquele que ouvir este diálogo, cheio de fé e livre de desdém, ele também, liberto, atingirá os mundos felizes das ações justas.

72 Ó Partha, ouviste isso com a mente concentrada? Ó Dhananjaya (Arjuna), tua ilusão nascida da ignorância foi destruída?

Arjuna disse:

73 Minha ilusão foi destruída, e eu reconquistei minha memória por meio de Tua Graça, ó Imutável (Krishna). Estou firme, minhas dúvidas se dissiparam; agirei de acordo com tuas palavras.

> Segundo Swami Swarupananda, "o propósito do conhecimento das Escrituras Sagradas é a destruição das dúvidas, da ignorância, e o reconhecimento da verdadeira natureza do Eu Real".

Sanjaya disse:

74 Assim ouvi esse diálogo maravilhoso entre Vasudeva (Krishna) e a grande alma, Arjuna, e meus cabelos se eriçaram.

75 Pela benevolência de Vyasa ouvi esse segredo, esse *yoga* supremo, diretamente do próprio Krishna, o Senhor do Yoga.

76 Ó rei, sempre que me recordo desse diálogo maravilhoso e sagrado entre Keshava (Krishna) e Arjuna, eu me deleito novamente.

77 E, sempre que relembro a forma maravilhosa de Hari (Krishna), grande é a minha admiração, ó rei, e minha alegria é renovada.

78 Onde quer que esteja Krishna, o Senhor do Yoga, e onde quer que esteja Partha (Arjuna), o arqueiro, haverá prosperidade, vitória, fortuna e moralidade. Essa é a minha convicção.

Swami Chinmayananda conclui que a *Bhagavad Gita* trata da natureza do ser humano e da natureza da Verdade, sendo que a vida real começa quando ambos estão harmonizados e agem de uma forma única. O ideal do verdadeiro estudante da *Gita* deveria ser o de fundir o conhecimento espiritual, expresso em seu equilíbrio e caráter, com o vívido amor oferecido ao dispor-se a servir prontamente à humanidade.

Bhagavad Gita é a história da jornada da alma que volta à sua verdadeira morada.

Na Upanishad do glorioso Bhagavad Gita
– a ciência do Eterno, a escritura do Yoga,
o diálogo entre Sri Krishna e Arjuna –
assim termina o décimo oitavo capítulo, intitulado
O caminho da liberação por meio da renúncia

PAZ A TODOS OS SERES!

Agradecimentos

Ao amigo e editor Sergio Rizek, da Attar Editorial, que desde o início dessa jornada acreditou e confiou na realização e na relevância desta obra.

Aos amigos e mestres Sonia B. Pimentel Mello, Marcelo D. B. Riqueti, Lucia Ehlers, Lucy Blumental, David Cohen, Meeta Ravindra, Hemendr Sharma, Swami Nirmalatmananda e a vários amigos no Brasil e na Índia que contribuíram com as pesquisas de palavras e conceitos.

À minha querida amiga Therezinha Siqueira Campos (*in memoriam*), grande conhecedora da língua portuguesa, que fez a revisão inicial do texto com seu coração amoroso.

A Cássia Fragata, cuja enorme habilidade em editar textos fez com que esta obra e seus comentários se tornassem mais preciosos e agradáveis ao leitor.

À minha família, cuja natureza dadivosa e entusiasta sempre encontra um meio de fazer a vida tornar-se maravilhosa.

A meus professores, meus mestres, meus alunos, companheiros de viagens, amigos de alma desta e de outras vidas.

À minha gatinha Sufi (*in memoriam*), que talvez soubesse quão fundamental foi termos vivido juntas. Todos me fizeram crescer, amadurecer, transformar o amargo em algo doce e indelével.

À minha querida terapeuta, amiga e aluna Jette Bonaventure (*in memoriam*), que descortinou um mundo maravilhoso em nosso coração, real e palpável.

Ao meu marido, Emilio Moufarrige, minha alma, minha razão de viver. Seu incentivo foi fundamental, e esta obra existe em grande parte porque ele também acreditou nela.

Por fim, agradeço imensamente a você, que leu as páginas desta obra. Que ela ilumine e preencha de felicidade a sua vida.

Glossário

Abhimanyu – filho de Arjuna com Subhadra, irmã de Sri Krishna. Ele perpetrou atos de heroísmo sobre-humanos e acabou morrendo na batalha.
Cap. I:6.

Ação e Inação

Ação na inação – reconhecer em si uma intensa atividade mental ou intelectual, embora o corpo esteja imóvel. É também perceber que, embora se façam ações, não há desejo ou apego nem pelo ato de agir, nem por seus frutos.

Inação na ação – a verdadeira inação significa conservar a serenidade interna e ser livre de apegos e de desejos quando se age. Igualmente, é a capacidade de poder observar-se (parar para observar-se) e perceber que se está em intensa atividade.
Cap. IV:14-18.

Adhibhuta – o reino físico, o mundo material, o plano de todos os seres criados, de natureza mutável e efêmera.
Cap. VII:30 (Comentário); Cap. VIII:1, 4.

Adhidaiva (Adhidaivata) – reino dos deuses, do supranatural, do transcendental, o mundo divino que governa o macrocosmos, o microcosmos e a alma cósmica.
Cap. VII:30 (Comentário); Cap. VIII:1, 4.

Adhiyajna – os atos sacrificiais, sagrados, que nos aproximam do Absoluto. Refere-se ao deus Vishnu, aquele que conserva o Universo criado, e suas encarnações, como Rama, Krishna ou outro avatar (ser divino materializado na Terra). Vishnu e Krishna representam o Sacrifício Supremo, o Eu manifestado como sacrifício, a divindade do sacrifício. A palavra sacrifício vem de *sacro-ofício*, o sagrado fazer, o tornar sagrado um ato.
Cap. VII:30 (Comentário); Cap. VIII:2, 4.

Adhyatma – a natureza essencial, o supremo Atman, o Supremo Ser. O Ser individual, o Si próprio, a essência do Absoluto, percebida dentro de cada um. Segundo Shankara, "é o princípio que permeia todos os corpos com sua essência".
Cap. VII:29 (Comentário); Cap. VIII:1, 3.

Adityas – são os sete filhos de Aditi, a mãe dos deuses, a deusa-mãe que representa o espaço ilimitado e a consciência infinita. Portanto, os Adityas são filhos da consciência infinita e representam o brilho da iluminação. Aditya é um dos nomes do Sol.
Cap. X:21, 30 (Comentário); Cap. XI:6, 22.

Agni – fogo. Um dos deuses mais antigos e reverenciados entre as divindades védicas. Muitos hinos foram dedicados a ele; no céu é contemplado como o sol, no ar é o relâmpago, na terra é o fogo. Agni também representa a iluminação divina.
Cap. X:23 (Comentário); Cap. XI:39. Ver *Pavaka.*

Ahamkara – o senso de Eu, o ego que dá origem a todos os processos mentais. É o que percebe, que desfruta, que sofre no seu próprio mundo de "gosto e desgosto", de "amo e odeio" e que derrama lágrimas por seus apegos ao mundo exterior.
Cap. VII:4 (Comentário); Cap. XIII:5 (Comentário).

Airavata – o elefante é símbolo de sabedoria e, no contexto, refere-se ao elefante mitológico voador, de um branco puríssimo, com três cabeças e seis presas que surgiu durante a agitação do Oceano Lácteo e tornou-se veículo divino. O elefante é a montaria de cada uma das oito deidades que presidem os oito pontos cardeais. São elas:

1. Leste – deus Indra
2. Sudeste – Agni
3. Sul – Yama
4. Sudoeste – Surya
5. Oeste – Varuna
6. Noroeste – Vayu
7. Norte – Kubera
8. Nordeste – Soma

Cada um desses deuses tem um elefante como veículo que o defende e o protege. O chefe desses elefantes é Airavata, o veículo de Indra.
Cap. X:27.

Akasha (Kha) – o espaço, o éter. É o mais sutil dos cinco elementos da natureza (terra, água, fogo, ar e éter ou espaço), a substância que preenche e permeia todo o Universo. Segundo alguns estudiosos, nele estão armazenados todos os conhecimentos do passado, do presente e do futuro. É o veículo da vida e do som. Na psicologia de Jung, corresponderia ao inconsciente coletivo.
Cap. VII:4 (Comentário); Cap. IX:6; Cap. XIII:32.

Amrita – ambrosia, o néctar da imortalidade. Também recebe o nome de *soma*, a bebida dos deuses.
Cap. X:27.

Anala – fogo, o elemento fogo.
Cap. VII:4 (Comentário).

Ananta – infinito, eternidade e ausência de tempo. É o rei das serpentes e retrata o macrocosmo, ou o princípio universal, que sustenta todas as esferas de manifestação, ou seja, a ilusão cósmica. É a serpente celestial Shesha, de mil cabeças, que reina sobre os Nagas (Najas) e em cujo corpo Vishnu dorme durante o tempo de dissolução do mundo (*pralaya*), no intervalo entre os ciclos da criação (*kalpas*). No *Mahabhârata*, Ananta ou Vasuki são o mesmo. Também é um dos epítetos de Vishnu.
Cap. X:29.

Apana – *ver* Prana.
Cap. XV:14.

Apas (Jala) – água, o elemento água.
Cap. VII:4 (Comentário).

Aryama – é a suprema luz do mundo astral, a luz da consciência divina, que age como uma força.
Cap. X:29.

Arjuna – brilhante ou famoso como a prata. O terceiro dos irmãos Pandavas, filho de Kunti (Pritha), teve por ascendência divina Indra, o deus do firmamento. No mundo manifestado, tinha Pandu como pai, esposo de Kunti. Chamado de "Branco" e exímio arqueiro, representa o ser humano em seu processo evolutivo. É o o buscador espiritual e receptor de instruções divinas que beneficiam toda a humanidade.
Epítetos de Arjuna (nos versos aparecem apenas os termos em português):

Anagha – o Sem Pecados, o Sem Erros.
Cap. XIV:6; Cap. XV:20.

Bharatarsabha – o Melhor entre os Bhâratas.
Cap. XIV:12.

Bharatashreshtha – o Melhor dos Bhâratas.
Cap. XVII:12.

Bharatarishabha – o Touro dos Bhâratas, ou seja, o mais excelente da dinastia dos Bhâratas, o melhor dos Bhâratas.
Cap. III: 41; Cap. VII:11; Cap. VIII:23; Cap. XIII:26; Cap. XVIII:36.

Bharatasattama – o Melhor entre os Bhâratas, o Melhor dos Bhâratas.

Dhananjaya – "conquistador de riquezas", aquele que traz prosperidade e riqueza na terra aonde vai. Arjuna é assim designado porque, em suas incursões guerreiras, adquiriu copiosas riquezas humanas e divinas, materiais e espirituais.
Cap. I:15; Cap. II:48, 49; Cap. IV:41; Cap. VII:7; Cap. X:37; Cap. XI:14; Cap. XII:9; Cap. XVIII:29, 72.

Gudakesha – aquele que tem controle sobre o sono.
Cap. I:24; Cap. II:9; Cap. X:20; Cap. XI:7.

Kaunteya – filho de Kunti, um dos nomes para designar Arjuna e sua mãe.
Cap. I:27; Cap. II:14, 37, 60; Cap. III:9, 39; Cap. V:22; Cap. VI:35; Cap. VII:8; Cap. VIII:6, 16; Cap. IX:7, 10, 23, 27, 31; Cap. XIII:1, 31; Cap. XIV:4, 7; Cap. XVI:20, 22; Cap. XVIII:48, 50, 60.

Kurunandana – descendente dos Kurus. O orgulho ou filho escolhido da dinastia Kuru.
Cap. II:41.

Kurupravira – grande herói dos Kurus.
Cap. XI:48.

Kurusattama – a melhor flor dos Kurus, o melhor entre os Kurus.
Cap. IV:31.

Kurushreshtha – o melhor dos príncipes Kurus.
Cap. X:19.

Mahabaho – braços vigorosos, fortes, poderoso guerreiro.
Cap. II:26; Cap. V:3; Cap. VI:35; Cap. VII:5; Cap. X:1; Cap. XIV:5.

Paramtapa – vencedor de inimigos, destruidor de inimigos, conquistador de inimigos.
Cap. II:3, 9; Cap. IV:2, 5, 33; Cap. VII:27; Cap. IX:3; Cap. X:40; Cap. XI:54; Cap. XVIII:41.

Partha – filho de Pritha, o outro nome de Kunti, sua mãe.
Cap. I:25, 26; Cap. II:3, 21, 32, 39, 42, 55, 72; Cap. III:16, 22, 23; Cap. IV:11; Cap. VI:40; Cap. VII:1, 10; Cap. VIII:8, 19, 22, 27; Cap. IX:13, 32; Cap. X:24; Cap. XI:5, 9; Cap. XII:7; Cap. XVI:4, 6; Cap. XVII:26, 28; Cap. XVIII:6, 30-35, 72, 78.

Savyasachin – ambidestro, aquele que sabe usar o arco com as duas mãos. *Cap. XI:33.*

Artha – riqueza, posses, profissão, o sucesso material. Uma das quatro metas da vida humana: *artha* (riqueza), *kama* (prazer dos sentidos e da alma), *dharma* (retidão, virtude) e *moksha* (liberação). Segundo o hinduísmo, desenvolver *artha* é uma meta necessária a ser alcançada e uma forma de pôr em prática os valores morais e de retidão.
Cap. V:24 (Comentário); Cap. XVIII:34.

Árvore Pipal – *ver* Ashvattha.

Asana – postura firme e confortável do corpo, cujo objetivo é gerar calma, concentração, equilíbrio na mente, nas emoções e no corpo, favorecendo a permanência na prática.
Cap. VI:11, 13 (Comentário). Ver *Raja Yoga.*

Asat – *ver* Sat e Asat.

Ashvattha – árvore *Ficus religiosa,* uma figueira originária da Índia e considerada sagrada nas tradições hindu, jainista e budista. Na Índia também é chamada árvore pipal (*peepal tree*) e, entre os budistas, recebe o nome de bodhi tree, por ter sido junto a ela que Buda se iluminou. Essa árvore tem várias propriedades medicinais para tratar asma, diabetes, epilepsia, problemas gástricos e inflamações, entre outros problemas de saúde. Em alguns rituais religiosos em que o fogo é aceso, galhos dessa árvore são usados. Ela pode viver alguns milhares de anos, portanto, por suas características, é valorizada como sagrada.
Cap. X:26; Cap. XV:1, 3

Ashvins, os gêmeos – Segundo a *Encyclopedia of Eastern Philosophy and Religion* (Editora Shambhala), Ashvin significa, literalmente, "condutor de cavalos". São deuses-médicos gêmeos chamados Nasatya e Dasra, símbolos de força nervosa e energia vital. Essas duas divindades aparecem nos céus antes do amanhecer, em uma carruagem dourada puxada por cavalos ou pássaros, e guiam seu veículo por um caminho dourado (Hiranyarupa) até a terra, a fim de proteger a humanidade do sofrimento e da miséria e conduzir os seres humanos à iluminação. Os gêmeos Ashvins são casados com as filhas da Luz e, como Castor e Pólux, representam poderes que conduzem os Rishis (reis sábios), como em um navio, para a costa oposta e os protegem do afogamento no mar da ignorância. Eles governam os afortunados poderes mentais e vitais, essas energias que nos conduzem para o alto por meio do "vinho" da bem-aventurança divina (*ananda*), que os Ashvins servem aos seres humanos. Eles próprios atravessam ainda mais as águas da bem-aventurança celestial com a ajuda de *soma*, a corrente que dissolve todos os obstáculos e leva o ser humano a Brahman e, assim, à emancipação final.
Cap. XI:6.

Ashwatthama – filho de Drona.
Cap. I:8. Ver *Drona.*

Asita – um sábio, um Rishi.
Cap. X:13.

Asuras – titãs, demônios, ignorância. São uma classe de seres divinos que agem, por vezes com discernimento mas, por vezes, com ignorância. Segundo Radhakrishnan, os Asuras são dominados pela atividade (*rajas*), com tendências de ambição e ganância. Na literatura, são considerados como deuses inferiores e, quando movidos por ignorância e desejos, agem como inimigos dos deuses.
Cap. VII:15 (Comentário); Cap. IX:12; Cap. X:28 (Comentário); Cap. XI:22; Cap. XVI:4 (Comentário).

Atharva Veda – um dos quatro *Vedas*, são os encantamentos, as fórmulas mágicas, as cerimônias místicas.
Cap. II:42 (Comentário); Cap. IX:17 (Comentário). Ver *Vedas.*

Atma, Atman – o Espírito Supremo manifestado como Eu no indivíduo; o Eu real; a testemunha dos atos, pensamentos, emoções e sentimentos experimentados pelo ego. Brahman é o Eu macrocósmico, e Atman, o Eu microcósmico. No Ocidente, Atman é conhecido como alma.
Cap. I:14 (Comentário); Cap. III:42; Cap. IV:41 (Comentário); Cap. VI:6 (Comentário); Cap. VII:2 (Comentário); Cap. VIII:3 (Comentário); Cap. XVIII:16. Ver *Eu; Eu real.*

Atmavantam – poder de si.
Cap. IV:41 (Comentário).

Aum, Om (pronuncia-se "om") – a sílaba sagrada que representa o som primordial do Universo. Símbolo de Brahman (Deus, o Supremo), em geral é invocada no início e no fim das Escrituras Sagradas, bem como nas orações e nos textos místicos.
Cap. VII:8; Cap. VIII:13; Cap. IX:17; Cap. X:25; Cap. XVII:23.

Aum Tat Sat (Om Tat Sat) – uma frase de três palavras que denotam um aspecto da Realidade. "Aum" comumente é escrito "Om", pois esse é o som emitido ao se invocar a palavra.
Om representa o Eu Absoluto, o supremo, puro, transcendental, não nascido, Brahman.
Tat expressa o objetivo eterno, o todo, o imutável e sempre perfeito. Indica aquilo de onde tudo veio, no qual tudo existe e no qual tudo se funde novamente no final.

Sat significa existência. É o princípio da existência que funciona em todas as coisas. É o percebido, sentido e pensado em nossa vida cotidiana.
Cap. XVII:23.

Ausadha – oferenda de plantas e ervas medicinais.
Cap. IX:16.

Austeridade (tapas, em sânscrito) – São exercícios espirituais intensos, movidos por força de vontade e autodisciplina para atingir o objetivo de realizar a Deus.
Cap. XVII:14 (Comentário).

Bhakti (amor, devoção) – Amor à divindade escolhida (*ishta-deva*). O hinduísmo destaca vários tipos de *bhakti*: 1. *guru-bhakti*, *entrega* de si ao guru (mestre espiritual); 2. *vaidhi-bhakti*, um estágio preparatório em que todas as instruções (*vidhi*) de um guru sobre a prática de *bhakti* são seguidas; 3. *raga bhakti*, um estado em que o *bhakta* pensa apenas em Deus. Tudo lembra a Deus e está relacionado com Ele; 4. *para-bhakti*, o amor supremo por Deus, em que nada existe exceto Ele e a consciência da unidade com Deus; 5. *prema-bhakti*, amor de entrega a Deus; 6. *mahabhava*, amor intenso e extático por Deus. Esses três últimos são designações diferentes para o mesmo estado.
Cap. XII.

Bhakti Yoga – o caminho do amor, da devoção, da entrega. Um dos quatro caminhos principais do *yoga* para a união com Deus (os outros três caminhos são: Karma Yoga, Jnana Yoga e Raja Yoga). Depois de desenvolver um amor intenso pelos muitos aspectos de Deus, em uma forma pessoal – frequentemente na forma de alguma encarnação divina – o Eu do devoto se funde com o ideal escolhido, o *ishta-deva*. O Bhakti Yoga é o caminho natural para o conhecimento de Deus. Aqui o *bhakta* não tem necessidade de suprimir seus sentimentos; antes, intensifica e direciona-os para Deus. A maioria dos devotos de várias tradições mundiais é adepta desse caminho. O Bhakti Yoga distingue entre cinco atitudes devocionais, ou *bhavas*, em relação a Deus. Os estágios do Bhakti Yoga são: 1. *bhakti*, veneração; 2. *bhava*, amor maduro, um estado de êxtase; 3. *prema*, um estado no qual o devoto esquece completamente o mundo, assim como seu próprio corpo; 4. *mahabhava*, a manifestação suprema do amor divino.
Cap. XII.

Bhârata – "o estimado", lendário imperador virtuoso, considerado um rei santo e fundador da dinastia Bhârata, que deu origem à antiga Índia. Quando

Dhritarashtra ou Arjuna são chamados de Bhârata, isso significa que são descendentes da dinastia Bhârata.
Cap. I:24; Cap. II:10, 14, 18, 28, 30; Cap. III:25; Cap. IV:7, 42; Cap. VII:27; Cap. IX:6; Cap. XIII:2, 33; Cap. XIV:3, 8, 9, 10; Cap. XV:19, 20; Cap. XVI:3; Cap. XVII:3; Cap. XVIII:62.

Bhima – o segundo dos irmãos Pandavas, foi gerado por Kunti, tendo por ascendência divina Vayu, o deus do vento. Chamado de "terrível", por sua força extraordinária, é o comandante em chefe do exército dos Pandavas.
Cap. I:1 (Comentário), 4, 10, 15.

Bhishma – tio-avô e patriarca do clã dos Kuravas e dos Pandavas. Homem de grande valor, coragem e inteligência, é o patrono do exército dos Kuravas. Bhima mantém posição equivalente no exército Pandava.
Cap. I:8, 9 (Comentário), 10-12, 25; Cap. II:4; Cap. XI:26, 34.

Bhrigu – um dos filhos do deus Brahma (criador do Universo) e um dos sete grandes Rishis (sábios). Era o líder entre os Rishis.
Cap. X:25. Ver *Rishis.*

Bhumi – terra, o elemento terra.
Cap. I:35 (Comentário); Cap. III:22 (Comentário); Cap. VII:4 (Comentário).

Bhutas – espíritos da natureza. Também se referem aos cinco elementos do mundo material.
Cap. IX:25; Cap. XVII:4 (Comentário).

Braços Vigorosos (Braços Fortes) – *ver* Mahabaho.

Brahma – deus criador de todo o Universo. Brahma faz parte da Trimurti, a trindade dos deuses que representam o Universo: Brahma, o princípio criador; Vishnu, o princípio que conserva toda a criação no Universo; e Shiva, o deus que renova, reestabelece o essencial no Universo e destrói o que está deteriorado e corrompido.
Cap. III:15; Cap. VIII:16, 17; Cap. IX:7 (Comentário); Cap. X:25 (Comentário); Cap. XI:15, 37; Cap. XIV:3 (Comentário).

Brahmacharya – uma das disciplinas de autocontrole (*yama*), que consiste na continência do pensamento, da palavra e da ação. Os outros *yamas* são: não violência (*ahimsa*), verdade (*satya*), não roubar (*asteya*) e desapego (*aparigraha*).
Cap. VI:14; Cap. VIII:11.

Brahman – o princípio do Universo, de cuja essência tudo emana. É o Supremo, o Absoluto, o Espírito Universal, a Plenitude.
Cap. II:17 (Comentário), 72; Cap. III:15 (Comentário), 42 (Comentário); Cap. IV:23 (Comentário), 24; Cap. V: 6, 10, 19-21, 24; Cap. VI:15 (Comentário), 27, 28, 38; Cap. VII:2 (Comentário), 8, 29; Cap. VIII:1, 3, 13, 20 (Comentário), 24; Cap. IX:21 (Comentário); Cap. X:12; Cap. XI:37, 38 (Comentário); Cap. XIII:12, 30; Cap. XIV:26, 27; Cap. XVII:23, 24; Cap. XVIII:13, 16 (Comentário), 50, 54.

Brahmanas – Comentários em prosa aos *Vedas*, com explicações dos rituais e dos sacrifícios (*sacro-ofícios*). Foram criados provavelmente entre 900 a.C. e 500 a.C.
Cap. XVII:23.

Brâmane – uma das quatro castas (*varnas*) do sistema social hindu. Representam a classe instruída de sacerdotes, filósofos, estudiosos e líderes religiosos.
Cap. I:7 (Comentário), 41 (Comentário); Cap. II:46 (Comentário); Cap. V:18; Cap. IX:20 (Comentário), 33; Cap. X:35 (Comentário). Ver *Castas.*

Brahma-Sutra – uma coleção de aforismos e versos sobre a filosofia Vedanta. Também é conhecido como Vedanta-Sutra.
Cap. XIII:4. Ver *Vedanta.*

Brahmin (brâmane) – representante de uma das quatro castas (*varnas*) do sistema social hindu que cuida dos saberes sagrados e espirituais e ensina sobre eles. São sacerdotes e professores.
Cap. II:46; Cap. XVIII:41, 42. Ver *Castas.*

Brihaspati – "o senhor da oração", também conhecido como Brahmanaspati, é o criador da palavra, que nos *Vedas* (como no Evangelho de João) está na origem da criação e é *um* com Deus. Por meio da palavra Brihaspati, transmitem-se conhecimento, convicção e a faculdade do ritmo criativo da expressão. Com a ajuda da palavra, Brihaspati torna possível indicar coisas que estão além da razão e só podem ser compreendidas pela intuição. Ao dominar-se a linguagem, pode-se ganhar influência e vencer os inimigos por meio de argumentos. Daí a grande importância que o hinduísmo confere ao termo. Brihaspati é o preceptor espiritual no mundo celestial.
Cap. X:24.

Brihat-Sama – Brihat significa grande, poderoso; Sama significa cântico. O *Brihat-Sama* faz parte dos cânticos do *Sama Veda*, e aprender a cantar os versos com suas métricas e tons variáveis exige alguns bons anos de estudo e prática com um mestre. O *Brihat*, com sua métrica de quatro versos e um total de 36 sílabas, é o cântico mais difícil de ser cantado.
Cap. X:35.

Buddhi – o intelecto, a inteligência, o despertar. A capacidade racional de pensar e categorizar todas as impressões sensoriais. Desenvolve as capacidades humanas de observar, atentar, discernir e desenvolver a intuição.
Cap. I:14 (Comentário); Cap. III:42 (Comentário); Cap. VI:21 (Comentário); Cap. VII:4 (Comentário); Cap. VIII:7; Cap. XIII:5; Cap. XVIII:29 (Comentário).

Carro de Guerra ou Carruagem – na literatura hindu e budista, a carruagem simboliza o veículo psicofísico do ser humano. Os cavalos representam os sentidos; as rédeas retratam a mente; o cocheiro é *buddhi*, o discernimento e a intuição; o dono da carruagem é Atman, o verdadeiro Eu; o espírito em nós, Krishna (*Katha Upanishad III, 3* e *Milindapanha 26-28*).
Cap. I:14.

Castas – em sânscrito, *varnas*, que significam "cores", diferentes texturas de cores, diferentes matizes.
O manual *Yoga Sastra* atribui cores às três qualidades da natureza, os *gunas*, que aqui são interpretados como temperamentos. Desse modo, *sattva*, a harmonia, é considerado branco; *rajas*, o dinamismo, é vermelho; e *tamas*, a inércia, é preto. O texto procura explicar a diversidade dos temperamentos, das tendências e das vocações humanas que predominam em cada pessoa conforme os *gunas*. Com base nessas diferenças, a humanidade foi caracterizada em quatro classes (cores) como forma de agrupar as naturezas, ou as capacidades humanas para melhor se desenvolverem na sociedade. São elas: *brahmanes*, a classe instruída de sacerdotes, filósofos, estudiosos e líderes religiosos; *kshatriyas*, a classe guerreira, que compreende os reis, a nobreza, os políticos, os oficiais e as autoridades civis com a função de defender e proteger a população com justiça e paz; *vaishyas*, os agricultores e comerciantes que proveem a sobrevivência básica e lidam com a honestidade; e *shudras*, os que têm natureza para trabalhar como operários ou servidores. Com o tempo, com as dominações territoriais dos árias, um nível mais baixo da sociedade hindu foi criado dentro da casta dos *shudras*, a dos párias, os intocáveis, os excluídos da sociedade. O sistema de castas foi originalmente criado com o intuito de que todas elas cooperassem entre si e, dessa maneira, aperfeiçoassem a humanidade. Com o tempo, esse sistema foi manipulado, perdeu completamente os seus princípios e passou a estabelecer uma divisão discriminada de classes sociais que gera até hoje sofrimento e exploração humana, apesar de oficialmente esse sistema ter sido banido da constituição da Índia em 1947, pelas ações de Mahatma Gandhi e outros. Traduzido para os nossos dias, podemos perceber que em

qualquer sociedade existe agrupamento de capacidades humanas. A *Bhagavad Gita* afirma que aquele que vê o cumprimento dos deveres referentes a cada casta como um sacrifício (sagrado ofício) a Deus pode superar as castas e outras limitações cármicas e alcançar a realização espiritual, que é o direito inato de todo ser humano.
Cap. I:41-43; Cap. II:31 (Comentário); Cap. IV:13; Cap. XVIII:41-44.

Cavalos Brancos – representam força, obediência e pureza.
Cap. I:14.

Chekitana – filho de Dhrishtaketu e famoso guerreiro.
Cap. I:5.

Chitraratha – um dos cantores celestiais mais geniais e brilhantes, o melhor cantor dos Gandharvas.
Cap. X:26.

Cidade de Nove Portas – *ver* Nove Portas.

Concha – usada como instrumento musical; na guerra, seu som é como uma arma e, nos rituais religiosos, seu som evoca os deuses.
Cap. I:12-16, 18.

Concha Anantavijaya – "vitória perene", é a concha de Yudhishthira.
Cap. I:16.

Concha Manipushpaka – "que soa docemente" e "adornada com pedrarias".
Cap. I:16.

Concha Sughosa – "melodiosa"; "que soa forte ou que soa bem".
Cap. I:16.

Crocodilo Makara – animal mitológico ligado às águas do céu e dos oceanos. É veículo de deuses como Varuna e Ganga.
Cap. X:31.

Daityas – *ver* Titãs.
Cap. X:30.

Danavas (demônios) – Uma classe de seres que não são completamente maus nem bons. Na mitologia, há momentos em que se revoltam contra os deuses, os Devas, ou seja, agem contra o bem.
Cap. X:14.

Demônios – *ver* Asuras, Danavas, Rakshasas.

Deuses (Devas) – *ver* Devas.

Devadatta – a concha de Arjuna que lhe foi presenteada pelo deus Indra, seu pai divino.
Cap. I:15.

Devala – um Rishi e grande sábio.
Cap. X:13.

Devas – "aqueles que brilham". Seres que habitam um reino acima do reino humano. Divindades que inspiram e auxiliam a vida dos seres humanos e de outros seres. Ainda estão submetidos a nascimento e morte.
Cap. III:11 (Comentário); Cap. IX:25; Cap. X:2, 14; Cap. XI:25; Cap. XVII:4 (Comentário).

Devoção – é um termo que expressa o profundo sentimento de amor, afeto, admiração, dedicação e entusiasmo. É uma emoção lúcida e plena de discernimento. Por outro lado, às vezes, a devoção é tida como um sentimento cego, uma paixão que nos impede de ver a realidade de fato; no entanto, para o hinduísmo, devoção é amor sincero e esclarecido. Shankaracharya define o devoto ideal como aquele que, com todos os sentidos, tem só um objetivo: ser *um* com Deus. Ele adora Deus com todo o seu espírito e coração, uma devoção sincera.
Cap. VI:47 (Comentário); Cap. VII:17; Cap. VIII:6 (Comentário), 10, 22; Cap. IX:14, 26, 29, 30; Cap. X:26 (Comentário); Cap. XI:54; Cap. XII:6, 17, 19; Cap. XIII:10, 25, 26; Cap. XVIII: 54, 55, 67, 68.

Dharana – a concentração, o exercício no caminho da meditação, que consiste em "fechar" os sentidos para os estímulos do mundo exterior e se "abrir" para a percepção interior por meio da concentração num ponto específico, por exemplo, entre as sobrancelhas. Os conflitos da dualidade são abandonados a partir da percepção de uma vida mais plena, em que se amplia uma consciência universal.
Cap. VIII:12. Ver *Raja Yoga.*

Dharma – "aquilo que agrega", lei, norma, regra da natureza, da ação e da vida, lei universal, dever, retidão, virtude. É a constituição mais profunda, a lei de sua essência interior. É agir de acordo com a verdadeira natureza de cada um, com o que faz possível a vida e o Universo. Descobrir o próprio *dharma* é saber para que se veio ao mundo. Dharma é uma das quatro metas da vida, sendo que as outras três são: *artha* (riqueza), *kama* (prazer dos sentidos e da alma) e *moksha* (liberação). Na mitologia hindu, Dharma é o deus da justiça.
Cap. II:7, 31, 33, 40; Cap. III:35; Cap. IV:8 (Comentário); Cap. V:24 (Comentário); Cap. VII:11; Cap. IX:3 (Comentário); Cap. XI:18; Cap. XII:20; Cap. XIV:27; Cap. XVIII:34, 47, 66.

Dharmakshetra – planície sagrada, o campo da lei.
Cap. I:1 (Comentário).

Dhritarashtra – o rei bom. Cego de nascença, é o irmão mais velho de Pandu e pai dos cem Kurus ou Kuravas. Era o rei de Hastinapura na época da guerra em Kurukshetra.
Cap. I:1, 2 (Comentário), 8, 12 (Comentário), 19, 20, 23, 24, 36, 37, 46; Cap. II:6, 8, 10; Cap. XI:26, 34, 49.

Dhrishtadyumna – filho de Drupada, aprendeu a arte de guerrear com o mestre Drona.
Cap. I:3 (Comentário), 17.

Dhrishtaketu – "de insígnia audaz", é rei de Chedi.
Cap. I:5.

Dhyana Yoga – o caminho da meditação.
Cap. VI.

Draupadi – filha do rei Drupada, esposa comum dos cinco Pandavas, teve um filho de cada esposo, os chamados Draupadeyas.
Cap. I:6, 18.

Drona – mestre na arte da guerra, ensinou aos Pandavas e aos Kuravas.
Cap. I:2, 8, 25; Cap. II:4; Cap. XI:26, 34.

Drupada – também conhecido como Yajnasena, o pai de Draupadi, que foi esposa dos irmãos Pandavas. Era rei de Panchala do Sul, cuja capital era Kampilya.
Cap. I:3, 4, 6, 18.

Duryodhana – o filho mais velho de Dhritarashtra e líder dos Kuravas. Ele personifica a inveja e a injustiça.
Cap. I:2, 3, 7, 9 (Comentário), 10-12, 23.

Dvandva – pares de opostos. São as experiências complementares à nossa vida, de prazer e sofrimento, saúde e doença, sucesso e insucesso, alegria e tristeza. Com relação às palavras compostas, é a condição unitiva que conserva o significado independente dos termos que as formam.
Cap. II:45 e Comentário; Cap. X:33 (Comentário). Ver *Pares de opostos.*

Dvija – o "duas vezes nascido" é aquele que nasce no mundo da natureza e, depois, tendo se aprimorado por meio de estudo e contemplação, é iniciado e recebe um cordão simbólico que denota seu segundo nascimento, agora no mundo do espírito. Naquela época, o termo *dvija* referia-se aos brâmanes. No cap. 1, verso 7, Drona é assim chamado por Duryodhana.
Cap. I:7 (Comentário).

Elementos da Natureza Material, Mahabhutas – são oito, chamados em sânscrito de: *bhumi* (terra); *ap* ou *jala* (água); *anala* (fogo); *vayu* (ar); *kha* ou *akasha* (éter ou espaço); *manas* (mente); *buddhi* (entendimento, intelecto); e *ahamkara* (o senso de eu, o ego). Eles são as formas materiais em que a natureza cósmica se manifesta.
Cap. VII:4; Cap. XIII:5.

Erva Kusha – erva com propriedades curativas, comum na região do Himalaia e empregada em rituais sagrados.
Cap. VI:11.

Eu, Eu real (Atman) – "Eu" com maiúscula é o princípio imortal presente na matéria. Está além da condição de vida e morte a que o ego e seu corpo material estão sujeitos. Krishna representa esse princípio, e quando se faz referência a ele usa-se o termo "Eu".
Cap. II:18-22, 24-26, 29 (Comentário), 30, 42 (Comentário), 44-46, 53; Cap. III:7 (Comentário), 17, 22-24, 42, 43 (Comentário); Cap. V:7, 16; Cap. VI:5-7, 8 (Comentário), 19, 20, 21 (Comentário), 25, 29, 30; Cap. VII:18; Cap. VIII:22; Cap. XI:1; Cap. XVI:24 (Comentário); Cap. XVIII:37. Ver *Atman.*

eu (em minúscula) – a condição do eu, do ego, em desenvolvimento, mas ainda com ignorância, apegos, desejos, cobiça, raiva, limitações que precisam ser percebidas e orientadas para a sabedoria e a liberação.
Cap. XIII:9. Ver *Ahamkara.*

Ficus religiosa, Peepal Tree, Árvore Pipal – *ver* Ashvattha.

Gandharvas – cantores celestiais que entretêm os habitantes dos céus com sua arte e música. No hinduísmo, são espíritos masculinos da natureza, casados com as Apsarás, espíritos femininos das nuvens e das águas, as bailarinas celestiais. Têm forma metade humana, metade animal, sobretudo na forma de cavalo ou pássaro. Atuam como mensageiros entre os deuses e os humanos e são os guardiões do *soma*, a bebida dos deuses.
Cap. X:26; Cap. XI:22.

Gandiva – "o que fere no rosto". É o nome do arco de Arjuna, dotado de poderes extraordinários.
Cap. I:30.

Ganesha – deus da sabedoria, removedor dos obstáculos. Ele garante sucesso tanto no plano secular quanto no plano espiritual. Muitos *pujas* (oferendas, cânticos e orações) começam com veneração a Ganesha. É filho de Shiva e Parvati e irmão de Karttikeya (Skanda).
Cap. X:24 (Comentário)

Ganges (Rio Ganges) – o principal rio e o mais sagrado da Índia. Nasce no norte do país, no Gangotri, junto ao Himalaia, e se estende do oeste para o leste até a Baía de Bengala. É tão sagrado para os indianos de todas as tradições religiosas como o Rio Jordão o é para os cristãos.
Cap. X:31.

Garuda – é o rei dos pássaros e veículo mitológico de Vishnu.
Cap. X:30.

Gayatri – faz parte do *Rig Veda* e é um dos hinos mais sagrados e divinos dirigidos ao Sol (Savitri). Dizem ser um hino poderoso, com uma métrica composta de três versos ou linhas, contendo oito sílabas em cada verso, com um total de 24 sílabas. É cantado todos os dias na Índia pelos brâmanes no amanhecer e no entardecer. O verso em sânscrito "*Om Bhur Bhuvah Svah, Tat Savitur Varenyam, Bhargo Devasya Dhimahi, Dhiyo yonah prachodayat*" significa, em síntese, "Vamos meditar na luz brilhante daquele que é digno de adoração e que criou todos os mundos! Que ele direcione nossas mentes para a verdade!". Gayatri é também o nome da deusa que preside esse mantra, esposa do deus Brahma e considerada a mãe de todos os Vedas.
Cap. X:35.

Gêmeos Ashvins – *ver* Ashvins.

Gunas – são as três qualidades inseparáveis da natureza: *sattva* – a harmonia, o equilíbrio, o positivo; *rajas* – a atividade, o dinamismo, o passional; e *tamas* – a inatividade, a inércia, o passivo. A constituição interna do Universo é feita dessas qualidades. No ser humano, elas se manifestam como temperamentos e compõem a mente e o intelecto. Libertar-se dessas qualidades é transcender a mente e redescobrir a si como sendo Deus. É transportar-se do campo da imperfeição para a região da bem-aventurança.
Cap. II:45, Cap. III:5, 27, 29; Cap. IV:13; Cap. VII:12 (Comentário), 14; Cap. XIII:14, 19, 31; Cap. XIV:5, 19-21, 23, 25, 26; Cap. XV:2, 10; Cap. XVII:1; Cap. XVIII:19, 29, 40, 41.

Hanuman – o famoso deus com forma de meio macaco, meio humano, do épico *Ramayana*. O emblema simboliza o autocontrole e o controle da agitação mental.
Cap. I:20.

Hatha Yoga – originalmente era uma técnica do Raja Yoga, ensinada por Patanjali. Com sua ajuda, os centros de energia psíquica (*chakras*) são ativados e, assim, elevam o *kundalini* (energia primordial que fica na base da coluna vertebral) a estados superiores de consciência. Suas práticas mais importantes são o *asana* – a postura física – e o *pranayama* – o controle da energia

vital, o *prana*. Seu principal objetivo é unir *ha* (o sopro do sol, conhecido como *prana*) com *tha* (o sopro da lua, conhecido como *apana*). O Hatha Yoga utiliza várias posturas corporais e exercícios de purificação que favorecem a saúde física e a estabilidade da mente, necessárias para chegar ao Supremo.
Cap. IV:29. Ver *Prana* e *Raja Yoga.*

Himalaia – morada da neve, a cadeia de montanhas mais alta do mundo, o teto do mundo. É considerada sagrada, e entre os seus picos há a morada dos deuses, no Monte Meru. A cordilheira abrange cinco países: Paquistão, Índia, Tibete (na China), Nepal e Butão, e nela se situa a montanha mais alta do planeta, o Monte Everest, com 8.850 m de altitude. Tem uma extensão de 2.500 km de comprimento e uma largura que varia de 400 km a oeste, na região da Caxemira-Tibete, a 150 km a leste, na região do Tibete-Arunachal Pradesh.
Cap. VI: 11; Cap. X:25, 31.

Idades do mundo – *ver* Yugas, Kalpa.

Ignorância – *ver* Asuras, Keshava, Madhusudana, Maya, Moksha, Samsara.

Imutável (Inigualável) – *ver* Acyuta.
Cap. I:21; Cap. XI:42; Cap. XII:3; Cap. XVIII:73.

Inação – *ver* Ação / Inação.

Indra – deus do firmamento, da atmosfera. Nos *Vedas*, ele é a divindade suprema, tendo nascido de Aditi (a deusa mais antiga, a deusa-mãe, deusa do céu, do inconsciente, do passado, do futuro e da fertilidade) e do sábio Kashyapa (que era humano mas venerado no antigo Rig Veda por sua sabedoria). Indra é o senhor do clima, do tempo; ele envia chuvas, trovões e relâmpagos. Por isso é reverenciado como o dispensador de chuva, fonte da fecundidade, e é temido como o senhor das tempestades. Na mitologia, mata Vritra, um demônio que personifica a seca e que rouba as águas da terra e as "esconde" no submundo. Ao vencer o demônio da seca, Indra traz chuva e felicidade para a humanidade. É o pai de Arjuna.
Cap. I:4 (Comentário); Cap. VIII:16; Cap. IX:20; Cap. X:22, 23 (Comentário), 27, 28 (Comentário); Cap. XI:6.

Indriyas – *ver* Jnanendriyas e Karmendriyas.

Iogue – *ver* Yogi.

Jala ou Apas – água, o elemento água.
Cap. VII:4 (Comentário).

Janaka – rei de Videha e pai de Sita, esposa de Rama, o herói do *Ramayana*. Janaka é o ideal do karma iogue, aquele que age sem desejos nem apegos e oferece suas ações ao divino.
Cap. III:20.

Japa – sussurro, murmúrio, é a prática que consiste em recitar preces, palavras sagradas ou os nomes de Deus, em voz alta ou mentalmente, como uma forma de meditação. O *japa* é um exercício importante para acalmar e clarear a mente, e o uso de um rosário (mala indiano) ou um cordão com contas pode ser de grande ajuda. A recitação, o *japa*, pode ser de três tipos: 1. repetição em voz alta (*likhita-japa*); 2. repetição na mente (*manasika-japa*); 3. repetição silenciosa com os lábios, o murmúrio (*vaikhari-japa*).
Cap. X:25.

Jayadratha – *Jaya* = vitória; *ratha* = carruagem; aquele que tem a carruagem vitoriosa. Rei do Sindhu (Sindh), casado com Dushala, a única irmã mulher dos cem irmãos kuravas. Filho do rei Vridhakshtra. Cap. XI:34.

Jnana Yoga – o caminho do conhecimento, que esclarece o que é real e o que é irreal na vida e aponta para a unidade de toda a existência. O caminho da ação, da ação altruísta, sem apegos, Karma Yoga, é o conhecimento posto em prática, tendo como meta viver em união com o divino. Na *Gita*, ambos os caminhos são complementares e igualmente valiosos para o autoconhecimento.
Cap. III:3 (Comentário); Cap. VII:2 (Comentário).

Jnanendriyas e Karmendriyas – segundo o Yoga, temos dez sentidos (*indriyas*) e mais um, que é a mente.

Jnanendriyas – *jnana* = conhecimento; *indriyas* = órgãos ou sentidos; são os cinco órgãos dos sentidos de percepção, conhecimento e compreensão, as cinco portas de entrada: 1. os ouvidos, pelos quais se ouve; 2. os olhos, pelos quais se vê; 3. o nariz, pelo qual se cheira; 4. o paladar, pelo qual se saboreia; e 5. a pele, o tato.
Cap. XIII: 5 (Comentário); Cap. XIV:11 (Comentário).

Karmendriyas – *karma* = ação; *indriyas* = órgãos ou sentidos; são os cinco órgãos de ação, as cinco portas de saída: 1. a fala, que se realiza pelos órgãos de fonação; 2. a apreensão, que se dá pelas mãos; 3. a locomoção, que se dá pelos pés; 4. os órgãos de excreção; e 5. os órgãos de reprodução.
Cap. III:7 (Comentário); Cap. XIII:5 (Comentário).

Kalpa – o ciclo, a idade do mundo, o dia e a noite na vida de Brahma, o período que compreende 1.000 eras cósmicas (*maha-yugas*) para cada dia e

outras 1.000 eras cósmicas (*maha-yugas*) para cada noite de Brahma. Um *kalpa* é o mesmo que um dia de Brahma e equivale a 4.320.000.000 de anos humanos. Outro *kalpa* é uma noite de Brahma, que também dura 4.320.000.000 de anos humanos. No dia de Brahma todo o Universo se manifesta, e na noite de Brahma todo o Universo deixa de se manifestar, é reabsorvido. Um *kalpa* é dividido em quatro partes: 1. o surgimento de um universo; 2. a continuação desse universo; 3. a extinção desse universo; 4. a continuação do caos. No período do surgimento de um universo, formam-se mundos individuais e seres sencientes. No segundo período, a continuação de um universo, surgem o Sol e a Lua, os sexos se diferenciam, e a vida social se desenvolve. No terceiro período, na extinção de um universo, fogo, água e vento destroem tudo menos *dhyana* (a mente em meditação que favorece o surgimento da plena consciência), e o quarto período, o caos, é de total aniquilação. Ainda dentro desses números, temos que cada *maha-yuga*, que dura 4.320.000 anos humanos, é composto de quatro eras ou idades: ouro (100% de ações virtuosas); prata (75% de ações virtuosas); bronze (50% de ações virtuosas); e ferro (25% de ações virtuosas).
Cap. VIII:17 (Comentário); Cap. IX:7. Ver *Yugas.*

Kama – prazer dos sentidos e da alma; desejo; deus do amor. É uma das quatro metas da vida humana, sendo que as outras três são: *artha* (riqueza), *dharma* (retidão, virtude) e *moksha* (liberação). O *Rig Veda* representa o "desejo" como o primeiro movimento do Absoluto em direção à manifestação. Diz o verso: "O desejo surgiu naquele que é a fonte da consciência, a quem os sábios, por meio de exame, encontraram em seu coração e que une o ser absoluto com o mundo manifesto". Essa forma de *kama* não é o desejo sexual, e sim o impulso para criar o bem. Em um hino do *Atharva Veda*, Kama é elevado à categoria de criador e deus: "Kama foi o primeiro a nascer. Nem deuses, nem pais, nem homens são iguais a ele". Em outra passagem do mesmo *Atharva Veda*, *kama* é descrito como o primeiro desejo, bem como o poder de realizar desejos. Na condição de deus do amor, Kamadeva, semelhante às figuras ocidentais de Eros e Cupido, é retratado como o filho de Dharma, o deus da justiça, e de Shraddha, a deusa da fé. Em outros textos, ele é o filho de Lakshmi e, também, "como tendo emergido do coração de Brahma". As origens misteriosas de Kama e sua influência universal deram destaque aos muitos nomes e atributos que ele carrega.
Cap. V:24 (Comentário); Cap. XVIII:34. Ver *Artha, Dharma* e *Moksha.*

Kamadhuk – a vaca da abundância. É a vaca mítica, prodigiosa, que sacia todos os desejos mais íntegros. Nesse contexto, significa que nada é impos-

sível ao ser humano se ele aprende a agir com cooperação, sem apego e no espírito de sacrifício.
Cap. III:10 (Comentário); Cap. X:28.

Kandarpa – outro nome de Kamadeva, o cupido, deus dos desejos, deus do amor. É representado como um jovem animado, que carrega seu arco-do-sorriso e cinco flechas com pontas de flores, cada uma para despertar um órgão do sentido. Originalmente, no conceito védico, representa o primeiro desejo do Espírito Uno que se torna muitos. É também o deus da consciência criativa.
Cap. X:28.

Kapila – fundador da filosofia Sankhya. Um Rishi (sábio) de que não se tem muito conhecimento. O texto "Resumo da Verdade" (*Tattvasamasa*), que consiste de apenas 54 palavras, é atribuído a ele. Seu texto mais antigo remonta a 500 d.C.
Cap. X:26.

Karma – ação. Toda ação gera reação, portanto, *karma* pode ser entendido como "a lei de ação e reação" ou "a lei de causa e efeito". Depende de como agimos, de que intenções colocamos nas ações, para que elas nos aprisionem ou nos libertem. Refere-se a todas as atividades mundanas e espirituais que produzem resultados bons ou ruins.
Cap. II:39; Cap. III; Cap. IV:6 (Comentário), 41 (Comentário); Cap. V:24; Cap. VIII:1, 3; Cap. X:29 (Comentário); Cap. XVIII:60.

Karma iogue – aquele que age sem desejos nem apegos e oferece suas ações ao divino.
Cap. III:20 (Comentário).

Karma Yoga – o caminho da ação, da ação altruísta, da reta ação sem apegos; é o conhecimento posto em prática, sem que se aja por apego à ação ou aos resultados dela, que tem como meta viver em união com o divino. É o caminho para a liberdade do Eu interior. Jnana Yoga é o caminho do conhecimento, que esclarece o que é real e o que é irreal na vida, e aponta para a unidade de toda a existência. Na *Gita*, ambos os caminhos são complementares e igualmente valiosos para o autoconhecimento.
Cap. II:39 (Comentário); Cap. III:3 (Comentário), 7; Cap. IV:41 (Comentário); Cap. V:2, 4 (Comentário); Cap. XIII:24; Cap. XVIII:1.

Karmendriyas – os órgãos dos sentidos, de ação. *Ver* Jnanendriyas e Karmendriyas.

Karna – o meio irmão de Arjuna, filho de Surya (o Sol) e Pritha ou Kunti.
Cap. I:8, 16 (Comentário); Cap. XI:26, 34.

Karttikeya – *ver* Skanda.

Kashi – antigo nome da cidade santa de Benares ou Varanasi.
Cap. I:5.

Kha (Akasha) – éter, o elemento éter. O mais sutil dos cinco elementos da natureza (terra, água, fogo, ar e éter ou espaço), a substância que preenche e permeia todo o Universo. Segundo alguns estudiosos, nele estão armazenados todos os conhecimentos do passado, do presente e do futuro. Na psicologia de Jung, corresponderia ao inconsciente coletivo. No particular, é o veículo da vida e do som.
Cap. VII:4 (Comentário).

Kratu – em sânscrito, significa "força" e também é um rito védico. Em outra acepção, Kratu foi um dos sete grandes sábios, os Rishis, que nasceu da mente do deus Brahma, o deus criador de todo o Universo.
Cap. IX:16. Ver *Rishis.*

Kripa – cunhado de Drona.
Cap. I:8.

Krishna – "preto" ou "azul escuro"; um símbolo para o espaço infinito do universo. É um deus e um herói célebre na mitologia indiana. Sua história é contada desde seu nascimento até sua morte. Ele é a oitava encarnação de Vishnu – o deus que preserva toda a criação do Universo –, que veio inspirar a consciência universal e o amor ilimitado. Krishna nasceu no clã Yadava, filho de Vasudeva e Devaki, que era irmã de Kamsa, o perverso rei de Mathura, no Estado de Uttar Pradesh. Kamsa, ao ouvir uma profecia de que seria destruído pelo oitavo filho de Devaki, matou os filhos dela logo que nasceram, mas Krishna foi ocultamente levado para ser criado pelo casal de pastores Nanda e Yashoda, na cidade de Vrindavan, no distrito de Mathura. O menino Krishna era famoso por suas travessuras. Quando jovem, inspirava o amor com o som de sua flauta e levava as gopis (esposas e filhas dos vaqueiros) para dançar em êxtase com ele ao luar. Sua favorita era a bela Radha. Os namoros juvenis de Krishna com as gopis são interpretados como um símbolo da interação amorosa entre Deus e a alma humana. Krishna realizou milagres e venceu demônios, inclusive o rei Kamsa. Na batalha de Kurukshetra, contada no *Mahabhârata*, Krishna é o símbolo do ser humano perfeito e também um deus, que, com sua consciência suprema e universal, orienta Arjuna (o ser humano em evolução) a discernir os motivos da guerra e a importância de fazer a escolha consciente e benéfica a todos os seres. Esse diálogo entre Krishna e Arjuna é o tema central da *Bhagavad Gita.*

Epítetos de Krishna (nos versos aparecem apenas os termos em português):
Acyuta – o Imutável, o Inigualável.
Cap. I:21; Cap. XI:42; Cap. XVIII:73.

Aprameya – Imensurável, Ilimitado.
Cap. XI:42.

Apratimaprabhava – Senhor de Poder Incomparável.
Cap. XI:43.

Arisudana – Destruidor de Inimigos.
Cap. II:4.

Bhagavan – Senhor Abençoado. Título que, em geral, os devotos atribuem a divindades para enaltecer nobreza, santidade, onisciência, sabedoria, majestade. Grandes santos e figuras sagradas também são frequentemente chamados por seus discípulos de Bhagavan.
Cap. X:14 (Comentário), 17.

Deva, Deus – Senhor.
Cap. XI:15.

Devesha – Senhor dos Deuses.
Cap. 11:25.

Govinda – pastor-chefe, líder dos pastores, conhecedor da terra e dos sentidos, protetor das vacas e da terra.
Cap. I:32; Cap. II:9.

Hari – Ladrão de Corações. O Senhor do Yoga.
Cap. XI:9; Cap. XVIII:77.

Hrishikesha – Senhor dos Sentidos. *Hrishi* e *kesha*, aquele de cabelo encaracolado.
Cap. I:15, 20, 24; Cap. II:10; Cap. XI:36.

Isham Idyam – O Adorável.
Cap. XI:44.

Jagannivasa – Refúgio do Universo, Guardião dos Mundos.
Cap. XI:25

Janardana – que concede bênção, benfeitorias, alegrias a todos; adorado pela humanidade.
Cap. I:36, 39, 44; Cap. III:1; Cap. X:18; Cap. XI:51.

Kamalapattraksha – Olhos de Lótus.
Cap. XI:2.

Keshava (Keshinisudana) – Destruidor do Mal, Matador dos Demônios (o mal, a ignorância).
Cap. I:31; Cap. II:54; Cap. III:1; Cap. X:14; Cap. XI:35; Cap. XVIII:1.

Madhava – Primavera, Encantador. Também "Marido da deusa da fortuna", referência à deusa Lakshmi.
Cap. I:14, 37.

Madhusudana – Matador do demônio Madhu, a ignorância.
Cap. I:35; Cap. II:1, 4; Cap. VI:33; Cap. VIII:2.

Mahatman – Grande alma.
Cap. XI: 20.

Prabhu – Senhor, Mestre, Representante do Senhor Supremo, Mestre dos Sentidos.

Purushottama – Espírito Supremo.
Cap. XI:3; Cap. XV:18, 19.

Sahasrabaho – Forma Universal de Mil Braços.
Cap. XI:46.

Varshneya – Descendente do clã dos Vrishni.
Cap. I:41; Cap. III:36.

Vasudeva – o Senhor do Universo, que se manifesta em todos os seres. Na lenda mitológica, Vasudeva foi um importante rei hindu, tataraneto de Vrishni. Casou-se com Devaki, a irmã de Kamsa, o rei tirano de Mathura que tentou matar os filhos que nasciam do casal. O oitavo filho, Krishna, sobreviveu. Vasudeva era irmão de Kunti, a mãe dos Pandavas, e pai de Krishna.
Cap. VII:19; Cap. X:37; Cap. XI:50; Cap. XVIII:74.

Vishnu, Krishna – o princípio que conserva toda a criação no Universo. Vishnu como mantenedor do Universo criado.
Cap. VIII:2 (Comentário), Cap. X:21, Cap. XI:24. Ver *Brahma* e *Adhiyajna.*

Vishvamurte – Universo Corporificado.
Cap. XI:46.

Yadava, Yadu – Yadava significa descendente de Yadu, que foi uma das cinco tribos da Índia citadas no *Rig Veda* e o local onde nasceu Krishna.
Cap. 11:41.

Yogeshvara – o Senhor do Yoga.
Cap. XI:4, 9; Cap. XVIII:75, 78.

Yogin – o Praticante do *yoga*.
Cap. X:17.

Kshatriya – uma das quatro castas (*varnas*) do sistema social hindu. Representam a classe guerreira, que compreende os reis, a nobreza, políticos, oficiais e autoridades civis com a função de defender e proteger a população com justiça e paz.
Cap. I:41 (Comentário); Cap. II:31; Cap. IV:13; Cap. XVIII:41; 43. Ver *Castas.*

Kshema – o poder de guardar bem-estar e felicidade.
Cap. IX:22.

Kshetra – o campo, o corpo de experiência. Neste caso, o corpo humano.
Cap. XIII: Preâmbulo, 1, 34.

Kshetrajna – o conhecedor do campo, o Eu consciente e sábio. Em outras palavras, pode-se dizer que é a alma ou o espírito encarnados.
Cap. XIII: Preâmbulo, 1, 34.

Kubera – deus dos tesouros e da riqueza. Ele controla todos os tesouros escondidos nas montanhas. Também é deus dos espíritos das trevas e rei dos semideuses Yakshas. É o regente do sentido de direção Norte e protetor do mundo.
Cap. X:23.

Kunti (Pritha) – filha de Yadava, rei de Sura e irmã de Vasudeva (pai de Krishna). Por suas reverências religiosas, recebeu a graça de escolher qualquer deus para ser pai de seus filhos. Kunti é mãe dos irmãos Pandavas: Yudhishthira, Bhima e Arjuna. Na juventude, junto com o deus Surya, o Sol, gerou seu primeiro filho, Karna.
Cap. I:4 (Comentário), 16, 27; Cap. II:14, 37, 60; Cap. III:9, 39; Cap. V:22; Cap. VI:35; Cap. VII:8; Cap. IX:7, 10, 23, 31; Cap. XVI:22; Cap. XVIII:48, 50, 60.

Kuntibhoja e Purujit – são irmãos.
Cap. I:5.

Kuravas ou Kurus – *ver* Kurus.

Kurus ou Kuravas – os cem filhos de Dhritarashtra e primos dos Pandavas. Representam as imperfeições humanas, enquanto os Pandavas simbolizam as virtudes humanas.
Cap. I:1, 2 (Comentário), 12, 25, 26; Cap. II:41; Cap. IV:31; Cap. VI:43; Cap. X:19; Cap. XI:26, 48; Cap. XIV:13.

Kurukshetra – a terra dos Kurus ou Kuravas (clã que liderava na época) e local onde ocorre a batalha. Considerada uma planície sagrada (*dharmakshetra*), é o campo da lei.
Cap. I: 1.

Kusha – erva com propriedades curativas, comum na região do Himalaia e empregada em rituais sagrados.
Cap. VI:11.

Kusumakara – *ver* Primavera.

Kutastha – a divina inteligência, o eterno, o imutável.
Cap. XV:16.

Lei Universal, *ver* Dharma.

Loka – mundo. Refere-se à divisão do Universo em mundos ou reinos, que em geral têm três divisões básicas: céu, terra e inferno (ou mundo subterrâneo). No hinduísmo citam-se sete mundos: 1. a Terra, onde os seres humanos vivem; 2. o espaço entre a Terra e o Sol, onde vivem seres mais conscientes e com poderes; 3. o céu de Indra, o deus do firmamento e das chuvas que fertilizam a terra; 4. a morada de grandes sábios; 5. a morada dos filhos de Brahma; 6. o reino onde moram os Vairajas (os primeiros deuses); e 7. o reino de Brahma, o deus criador de todo o Universo. Quem alcança esse último reino, por ter sua consciência plenamente desenvolvida, não precisa mais renascer.
Cap. VIII:16 (Comentário).

Mahabhârata – o grande épico da batalha dos descendentes de Bhârata, ao lado do *Ramayana*, também um épico monumental e o mais volumoso da literatura hindu ou indiana. Consiste em cerca de 200 mil versos em 18 livros (*parva*). Sua autoria é atribuída ao sábio mítico Vyasa; foi elaborado provavelmente a partir do século 4o a.C. e completado até o séc. 40 d.C. por vários compiladores, que gradualmente incluíram a maior parte dos mitos, fábulas e contos de fadas populares da Índia. O tema principal da história é a batalha entre duas famílias Bhârata: os Kuravas, de ações ignorantes, e os Pandavas, mais virtuosos, que tinham por direito o reino de Hastinapura, dividido pelo rei cego Dhritarashtra. A seção filosófica mais importante é a *Bhagavad Gita*, no Livro 6, que contém as instruções de Krishna a Arjuna pouco antes do início da batalha de 18 dias cujos eventos dramáticos formam o ponto focal do *Mahabhârata*. Elementos narrativos populares incluem o romance entre Nala e Damayanti, no "Livro da Floresta", e a história muito poética da dedicação de Savitri, com sua descrição da vitória do amor sobre a morte. Segundo os indianos, a chave para a compreensão desta imensa obra está na sua intenção moral de retratar o triunfo da virtude e a subjugação do vício. Os relatos de lendas, culturas, mitos e tradições preservados nesta obra oferecem uma visão profunda do passado da Índia. Eles testemunham uma investigação única e antiga sobre as verdades desconhecidas da religião e contêm os primórdios da especulação filosófica.

Cap. I:23 (Comentário); Cap. X:13 (Comentário).

Mahabhutas – os grandes elementos. *Ver* Elementos da Natureza Material.

Makara – *ver* Crocodilo Makara.

Manas – a capacidade mental de pensar, ponderar, tomar decisões e transformar a vontade em ação. Engloba as funções do intelecto e da consciência.
Cap. VII:4 (Comentário).

Mantra – a recitação ou o canto sagrado. Uma palavra ou um conjunto de sílabas em que se invoca, repetidamente, algo sagrado ou o nome de uma divindade. O mantra é tido como uma palavra de proteção, porque concentra a mente e favorece a meditação.
Cap. IX:16, 34 (Comentário); Cap. XVII:13.

Manus (Manu) – "homem", "ser humano"; o progenitor da humanidade, o grande legislador. Manu foi o primeiro ser humano e é o símbolo de uma criatura mental entre o divino e o humano que desperta a faculdade da mente. É quase um ser divino e representa os legisladores sagrados mais antigos, que estabeleceram as normas e os rituais religiosos. Citam-se 14 Manus, governantes que sucessivamente habitam os reinos etéreos, de onde orientam a vida consciente dos seres humanos. Dizem proceder de Manu o celebrado livro *As Leis de Manu*, que ainda hoje serve de base para o comportamento religioso e social dos hindus.
Cap. X:6.

Margashirsha – o nono mês do calendário indiano, que se refere aos meses de novembro e dezembro no calendário gregoriano do Ocidente, considerados meses auspiciosos e importantes para a atividade espiritual. Coincide com o período do inverno, o que refresca a temperatura, que na maior parte do ano é muito alta.
Cap. X:35.

Marichi – um dos criadores de tudo o que existe na Terra (prajapatis) e o chefe dos Maruts.
Cap. X:21.

Maruts – os deuses dos ventos fortes, no sentido de tormentas. Nos *Vedas*, eles têm um papel significativo como amigos e aliados do deus Indra. "Armados com raios e trovões, eles cavalgam ao vento e comandam as tempestades."
Cap. X:21.

Maya – segundo Heinrich Zimmer, *maya* (*ma* = formar, medir, construir) denota, em primeiro lugar, o poder de um deus ou demônio de produzir efeitos ilusórios, mudar a forma e aparecer sob máscaras enganosas. Deriva daí o sentido de "magia", a produção de ilusões por meios sobrenaturais,

ou simplesmente "o ato de produzir ilusões", como a camuflagem, na guerra. *Maya*, na filosofia vedantina, é especificamente "a ilusão sobreposta à realidade como efeito da ignorância". Por exemplo: ignorantes da natureza de uma corda em meio ao caminho, podemos tomá-la por uma cobra. Shankaracharya descreve todo o universo visível como sendo *maya*, uma ilusão sobreposta à realidade pelos enganosos sentidos e pela mente não dominada do ser humano.
Cap. IV:6; Cap. VII:14, 25; Cap. XVIII:61.

Meru (Sumeru) – a montanha mais sagrada e centro do universo para as cosmologias hindu, jainista e budista. Simbolicamente, representa o centro dos universos físico, metafísico e espiritual. É a região da bem-aventurança. Na mitologia hindu, é a morada dos deuses, e diz-se que fazia parte do Oceano Cósmico, entendendo-se que o Sol e os planetas circundavam a montanha. Hoje, com as ciências, sabe-se que a montanha tem 6.660 m de altitude e está localizada na região Garhwal dos picos que compõem a Cordilheira do Himalaia, no Estado do Uttarakhand, na Índia. Em muitos templos pela Ásia, o Monte Meru é representado no topo da construção, no ponto mais alto, o "broto final".
Cap. X:23, 25.

Moksha – liberdade absoluta, liberação final das amarras do mundo, da ignorância, do *karma*, do ciclo de vida, morte e renascimento, o *samsara*, por meio da união com o conhecimento da realidade última. Das quatro metas da vida humana, *moksha* é a mais alta. As outras três metas são: *artha* (riqueza), *kama* (prazer dos sentidos e da alma) e *dharma* (retidão, virtude).
Cap. V:24 (Comentário); Cap. XVIII:1 (Comentário).

Mulaprakriti – o não manifesto. Refere-se à origem, a raiz da natureza, da matéria, o elemento primordial a partir do qual todas as formas se desenvolvem, da mais sutil à mais grosseira.
Cap. XIII:5 (Comentário).

Nagas (Najas) – representam cobras ou serpentes como uma raça semidivina poderosa, maravilhosa, que pode assumir a forma física de um humano, de um meio humano, meio serpente, ou toda como serpente. Seu domínio está no submundo encantado, o reino subterrâneo cheio de pedras preciosas, ouro e outros tesouros terrestres. Também são associadas às águas – rios, lagos, mares e poços – e são guardiãs do tesouro. Na mitologia hindu, em geral, têm papel benéfico: aparecem como Ananta ou Shesha, rei dos Nagas, em cujo corpo Vishnu dorme; como um fio sagrado ao redor do pescoço de Shiva ou enroscada em todo o seu corpo; também junto ao deus Ganesha;

tornou-se a corda que agita o Oceano Lácteo – e assim há muitas representações, em geral ligadas ao senso de eternidade.
Cap. X:29.

Nakula e Sahadeva – os dois últimos irmãos Pandavas foram gerados por Madri (segunda esposa de Pandu), tendo por ascendência divina os gêmeos Ashvins. Nakula = "sem família"; Sahadeva = "que tem deus consigo".
Cap. I:16.

Namah, Namas, Namaskuru, Namaskar, Namastê – palavras sânscritas para reverenciar, curvar-se, fazer uma saudação reverente, cumprimentar respeitosamente. O termo é empregado em preces e mantras e se popularizou na derivação para o termo *namaskar* ou *namastê*, usado no cumprimento reverente e diário entre os indianos.
Cap. IX:34 (Comentário).

Não Manifesto - *ver* **Mulaprakriti.**

Narada – um dos grandes sábios (Rishis) da literatura védica. Nascido da mente de Brahma, era músico itinerante e contador de histórias e trazia notícias e sabedoria. Há muitas lendas sobre ele. Narada teria inventado o instrumento vina (alaúde) e era mestre do antigo instrumento de corda khartal, usado em seus cantos, hinos, orações e mantras. Compôs o *Bhakti-Sutra*, uma coleção de célebres aforismos sobre o amor e a adoração a Deus. Diz-se que ele viajava para mundos e reinos distantes (*lokas*) e tinha muito humor, sendo adorado pelos seres celestiais. Era um mestre completo de todos os ramos do aprendizado, com uma memória prodigiosa.
Cap. X:13, 26.

Nascidos Duas Vezes – *ver* Dvija.

Nirvana – "apagado" ou "extinção", como a vela que se apaga. Segundo o hinduísmo, os atrativos dos sentidos, os desejos, apegos, ânsia de poder e outros deixam de encantar o praticante. É o estado de consciência plena, transcendental, de um sentimento de completa realização, quietude perfeita, liberdade, total felicidade, uma condição de liberação do *samsara*, o ciclo contínuo de nascimentos, mortes e renascimentos. Unir-se a Brahman, o Supremo, após a morte significa atingir o *nirvana*.
Cap. II:72 (Comentário), Cap. VI:15 (Comentário).

Niyamas – promoções, autodisciplinas do pensamento, palavra e ação. É o segundo dos oito passos do Raja Yoga propostos nos *Yoga Sutras* de Patanjali. O primeiro passo são os yamas, e os niyamas fazem parte da preparação ética da pessoa. Consiste na promoção de pureza externa e interna (*shaucha*),

contentamento e paz (*santosha*), rigor em relação ao próprio comportamento, autoesforço (*tapas*), estudo dos textos sagrados (*svadhyaya*) e devoção a Deus (*ishvara pranidhana*).
Cap. VI:14 (Comentário). Ver *Raja Yoga.*

Noite / Dia – metáfora valiosa da *Gita* para dizer que os sábios enxergam e compreendem a realidade da vida enquanto os leigos não enxergam e não a entendem. O que é escuro, nebuloso, noite para os leigos, para os sábios é claro, lúcido e revelador.
Cap. II:69.

Nove Portas (Cidade das Nove Portas) – A porta é sempre a abertura para a interação do interno com o externo e vice-versa. Nesta metáfora, a cidade é o corpo, e as portas são todas as aberturas dele: duas narinas, dois ouvidos, dois olhos, boca e os dois órgãos (procriação e excreção).
Cap. V:13.

Objetos dos Sentidos – *ver* Karmendriyas e Jnanendriyas.

Om – *ver* Aum.

Om Tat Sat – *ver* Aum Tat Sat.

Órgãos de Ação (Karmendriyas) – 1. a fala, que se realiza pelos órgãos de fonação; 2. a apreensão, que se dá pelas mãos; 3. a locomoção, que se dá pelos pés; 4. os órgãos de excreção; 5. os órgãos de reprodução.
Cap. III:6, 7. Ver *Karmendriyas* e *Jnanendriyas.*

Órgãos de Percepção (Jnanendriyas) – visão, audição, olfato, paladar e tato.
Cap. XIV:11 (Comentário)

Panchajanya – a concha usada por Krishna e que pertencera ao demônio marinho Panchajana.
Cap. I:15.

Pandava – filho de Pandu; um dos cinco filhos de Pandu foi Arjuna.
Cap. I:14; Cap. IV:35; Cap. VI:2; Cap. XI:55; Cap. XIV:22; Cap. XVI:5.

Pandavas – os descendentes do rei Pandu. Referem-se aos cinco filhos de Pandu, entre eles Arjuna, e primos dos Kurus. Na condição humana, os Pandavas são os representantes das virtudes, e os Kuravas, das imperfeições.
Cap. I:2, 3-6 (Comentário), 8 (Comentário), 12 (Comentário), 16, 17 (Comentário), 19 (Comentário); Cap. VII:19 (Comentário); Cap. X:37; Cap. XI:26 (Comentário).

Pandu – "pálido"; é o irmão mais novo de Dhritarashtra e pai dos cinco Pandavas: Yudhishthira, Bhima, Arjuna, Nakula e Sahadeva.
Cap. I:1, 2 (Comentário), 3, 4 (Comentário), 14 (Comentário), 16 (Comentário), 20; Cap. X:37 (Comentário); Cap. XI:13.

Papam, Pecado, Erro – Swami Chinmaynanda diz que, no hinduísmo, pecado (*papam*) tem conotação de "agitações da mente". É o erro da mente em agir de modo contrário à natureza essencial. Quando a mente anseia pelos prazeres do mundo dos objetos, ela gera em seu íntimo mais e mais agitação. As ações erradas prejudicam os outros e a própria pessoa. Esse tipo de erro é chamado pecado.
Cap. II:33, 38; Cap. III:13, 16; Cap. IV:36; Cap. X:3 (Comentário).

Paramatma – o Supremo Ser, a consciência absoluta, o Espírito imanente que habita e movimenta a criação.
Cap. XV:17 (Comentário).

Paraprakriti – a natureza superior, divina, a divina mãe ou *shakti*, a energia divina que cria o Universo.
Cap. VII:5 (Comentário).

Parapurusha – o Supremo Espírito, que não participa das atividades do corpo (matéria), mas fica à parte, embora pareça estar presente, segundo Swami Swarupananda. É uma testemunha, não um participante das atividades da matéria.
Cap. XIII:22 (Comentário).

Pares de Opostos (Dvandva) – são as experiências complementares em nossa vida de prazer e sofrimento, saúde e doença, sucesso e insucesso, alegria e tristeza. Com relação às palavras compostas, é a condição unitiva que conserva o significado independente dos termos que a formam. Frio e calor, saúde e doença, juventude e velhice afetam sobretudo o corpo; prazer e sofrimento, amor e ódio, bondade e crueldade são decorrentes da mente e das emoções; e honra e desonra, julgamentos e valorações fazem parte da esfera intelectual. Esses "pares de opostos" são obstáculos à quietude interna. Conseguimos superar os pares de opostos quando nos liberamos de ações movidas por desejos pessoais. O próprio desejo contém em si a oposição repulsa e atração.
Cap. II:45; Cap. IV:22; Cap. V:3; Cap. VI:7 (Comentário); Cap. VII:27, 28; Cap. X:33 (Comentário); Cap. XV:5. Ver *Dvandva.*

Parvati – filha das montanhas, do Himalaia. A "deusa-mãe" no hinduísmo, esposa do deus Shiva e símbolo da unidade entre o homem e a mulher. É considerada como a divina *shakti*, a encarnação da energia primária do universo. Parvati, junto de Shiva, teve os filhos Ganesha, o deus da sabedoria, e Karttikeya (Skanda), o deus dos guerreiros.
Cap. X:24 (Comentário). Ver *Shiva, Ganesha, Skanda.*

Patala – um dos Três Mundos, ou Triloka; região do submundo, um dos sete infernos, habitado por serpentes (as Nagas). Também entendido como o

nível subconsciente dos seres humanos em que ocorrem condições irracionais, instintos desconhecidos, impressões e memórias que despertam e influenciam nossos pensamentos e ações, sem que os seres estejam conscientes dessa fonte.
Cap. I:35 (Comentário); Cap. III:22 (Comentário).

Patanjali – talvez tenha vivido entre 200 a.C. e 150 a.C., mas estudiosos dizem que a datação é incerta e que ele poderia ter existido em algum tempo entre 200 a.C. e 400 d.C. Fundou a filosofia do Yoga, baseada no sistema Samkhya. Esse Yoga é uma das seis escolas filosóficas chamadas *darshanas*, do hinduísmo. Patanjali define sua filosofia prática e ética como um esforço metódico para atingir a perfeição pelo domínio dos vários elementos da natureza humana, tanto físicos quanto psíquicos. O corpo físico, a vontade ativa e a mente observadora devem ser orientados. Patanjali enfatiza certas práticas destinadas a libertar o corpo de sua inquietação e impureza. Se essas práticas fortalecem o poder vital da pessoa e também prolongam sua juventude e longevidade, tais efeitos ocorrem no interesse de esclarecer a mente, trazer paz e realizar liberdade espiritual. Patanjali tem por objetivo indicar um caminho prático para a liberação por meio de ação disciplinada. Para esse fim, ele compôs os *Yoga Sutras*, que contêm um dos caminhos mais importantes para chegar a experimentar Deus, por meio do Raja Yoga, o *yoga* real ("real" de régio).
Cap. II:39 (Comentário). Ver *Yoga Sutras de Patanjali* e *Raja Yoga.*

Paundra – "feito de cana". Nome da concha de Bhima.
Cap. I:15.

Pavaka – um dos filhos e também um dos nomes de Agni, deus do fogo, que representa a iluminação divina.
Cap. X:23.

Peepal Tree, Ficus religiosa – *ver* Ashvattha.

Peta (pali), **Preta** (sânscrito) – espíritos famintos, algo como a "casca" ou o invólucro de seres humanos avaros, egoístas, sem moral, que, ao morrerem, embora percam o corpo físico, ainda permanecem presos a uma parte da sua constituição tomada por más condutas, até que ela se desintegre.
Cap. XVII:4 (Comentário).

Pitris – pais, antepassados. O termo é usado para se referir a três classes de seres: 1) ancestrais falecidos, a quem comida e água são oferecidas em determinados momentos; 2) os dez Prajapatis, ou seja, os antepassados místicos da raça humana; e 3) os primeiros filhos dos deuses.
Cap. IX:25; Cap. X:29.

Portas – *ver* Nove Portas *e* Karmendriyas e Jnanendriyas.

Prahlada – um fervoroso devoto de Vishnu, desde criança afasta-se do caminho do mal. Seu nome significa "aquele que está cheio de bênção divina". *Cap. X:30.*

Prajapati – "senhor das criaturas", "pai divino de incontáveis filhos". É o criador de tudo o que existe na Terra. No período védico (c. 1500 a.C.), era a divindade criadora do Universo, que, depois, no período pós-védico (c. 1000 a.C-600 a.C.), passa a ser chamado de Brahma. Dez Rishis (reis sábios) considerados os filhos espirituais de Brahma são chamados os dez Prajapatis: Marichi, Atri, Angiras, Pulastya, Pulaha, Kratu, Vasishtha, Prachetas ou Daksha, Bhrigu e Narada. O *Mahabhârata* fala de 21 Prajapatis. *Cap. III:10; Cap. X:21 (Comentário); Cap. XI:39.*

Prakriti – "natureza, matéria", a matéria-prima que constitui todo o Universo. Sua estrutura é determinada pelas três qualidades da natureza, os *gunas*: *tamas*, *rajas* e *sattva*. Por isso, está sujeita a mudanças e a causas e efeitos. De acordo com a filosofia Samkhya, *prakriti* ou *pradhana* é real e, por estar junto de *purusha* (princípio universal eterno e imutável), cria o mundo da mente e das aparências, o mundo que vemos.
Cap. II:39; Cap. III:5; Cap. VII:4, 5 (Comentário); Cap. IX:8, 10; Cap. XIII: Preâmbulo, 19, 20 (Comentário), 34; Cap. XIV:3-5; Cap. XVIII:40, 59.

Prana – alento vital, energia vital, respiração de vida. A energia cósmica que penetra e mantém o corpo e se manifesta nos seres como a respiração. Patanjali discute o *prana* no quarto passo (*pranayama*) do seu *yoga*; o *prana* também é importante no Hatha Yoga. O Atharva Veda personifica *prana*, a quem um de seus hinos é dedicado. O hinduísmo distingue entre cinco *pranas*: 1. *prana*, a essência da respiração, a força pura da vida como tal; 2. *vyana*, que orienta a circulação; 3. *samâna*, que controla a ingestão e a utilização dos alimentos e mantém o equilíbrio do corpo pelos processos químicos do metabolismo; 4. *apâna*, que zela pela eliminação de resíduos do corpo e está ativo na parte inferior do corpo; e 5. *udâna*, que atua na parte superior do corpo e promove o desenvolvimento espiritual, criando uma ponte entre os aspectos físicos e espirituais da própria natureza.
Cap. IV:29 (Comentário), 30; Cap. XV:14; Cap. XVIII:33.

Pranayama – *prana* = energia vital; *yama* = controle – "controle do *prana*", comando da respiração. É o quarto passo do Raja Yoga e consiste em exercícios respiratórios que podem ser combinados com a prática de um mantra. A respiração é dividida em três fases: a inspiração (*puraka*); a expiração (*rechaka*); e a retenção momentânea do ar, tanto após a inspiração como após

a expiração (*kumbhaka*). Com esse controle o praticante estabiliza o sentir e o pensar e consegue abandonar suas percepções errôneas e desenvolver discernimento do que é real e verdadeiro, o que auxilia na meditação.
Cap. IV:29. Ver *Raja Yoga.*

Prapitamaha – o bisavô. Dá o sentido do valor da ancestralidade.
Cap. XI:39.

Pratyahara – recolher os sentidos para não alimentar a tendência da mente, ainda não consciente, de se deixar estimular por inúmeros atrativos deste mundo de desejos.
Cap. II:58 (Comentário). Ver *Raja Yoga.*

Primavera (Kusumakara) – a estação mais festejada na Índia, por tudo o que ela inspira. As sementes das flores e dos frutos germinaram e agora manifestam-se, exuberantes; assim, também essa estação se refere ao tempo repleto de espiritualidade depois do esforço do praticante.
Cap. X:35.

Pritha – nome de nascimento de Kunti. *Ver* Partha.

Purujit e Kuntibhoja – são dois irmãos.
Cap. I:5.

Purusha – "ser humano, pessoa". O original, princípio universal eterno e imutável, o imortal, o infinito, o divino, o ser humano cósmico, o espírito, a pura consciência. Uma das duas formas de realidade descritas na filosofia Samkhya. *Purusha* é a "testemunha" que observa as mudanças que ocorrem em *prakriti*, a matéria, a outra forma de realidade descrita no Samkhya. O Universo só existe pela união de *purusha* e *prakriti*. *Purusha* também é sinônimo de Atman e Brahman.
Cap. II:39 (Comentário); Cap. X:12; Cap. XI:38; Cap. XIII:Preâmbulo, 19, 20 (Comentário), 22 (Comentário); Cap. XV:4, 16.

Rajas – uma das três qualidades inseparáveis da natureza (*gunas*). A atividade, o dinamismo, o passional.
Cap. II:45 (Comentário); Cap. III:5 (Comentário); 37; Cap. IV:13; Cap. VII:12 (Comentário); Cap. IX:12; Cap. XIV:5, 7, 9, 10, 12, 15, 17, 18, 22 (Comentário); Cap. XVII:1, 2. Ver *Gunas.*

Raja Yoga – o *yoga* real (de realeza) e um dos quatro grandes caminhos do *yoga* em direção à união com Deus. Esse caminho foi apresentado no livro *Yoga Sutras*, de Patanjali. O Raja Yoga descreve oito passos (Ashtanga) ou etapas para a autorrealização: 1. *yama*, refreamentos, autocontrole; 2. *niyama*, promoções, autodisciplinas (esses dois passos abrangem várias práticas éticas

e morais, consideradas pré-requisitos); 3. *asana*, posturas corporais com o objetivo de acalmar, concentrar e gerar equilíbrio na mente, nas emoções e no corpo; 4. *pranayama*, o controle da respiração, por sua influência nos pensamentos e no estado emocional de uma pessoa (*asana* e *pranayama* deram origem ao desenvolvimento do Hatha Yoga); 5. *pratyahara*, o retirar os sentidos do contato com os objetos dos sentidos, de modo que a mente não se distraia; 6. *Dharana*, ou concentração, a habilidade de repousar a mente em um objeto sem se distrair ou sair do controle; 7. *Dhyana*, ou meditação (nesse nível, diz-se, a mente não projeta mais seus próprios conceitos no objeto de meditação, mas, em vez disso, funde-se com o próprio objeto); 8. *samadhi*, também conhecido como *turiya*, o estado supraconsciente no qual a dualidade e o mundo manifesto não existem mais, uma absorção total no objeto de meditação. Se esse objeto é Deus ou o Absoluto, o resultado é a união. Além de seu caminho óctuplo, Patanjali transmitiu muitas notas sobre dificuldades e impedimentos na meditação, bem como instruções para sua eliminação.
Citada na introdução. Ver *Patanjali* e *Yoga Sutras de Patanjali.*

Rakhasas – ogros, seres impuros, passionais. Na mitologia hindu, são seres de poder e força com características boas e más. São guerreiros com habilidades mágicas e de ilusionismo. São gênios e guardiões do tesouro de Kubera. Há três tipos distintos: 1) seres inofensivos, os Yakshas; 2) inimigos dos deuses, os titãs; 3) demônios e espíritos do mal, que habitam cemitérios e assediam seres humanos.
Segundo Radhakrishnan, os Rakshasas são dominados pela inércia (*tamas*) e cometem atos de crueldade. Em outra acepção, diz-se que, nos antigos épicos, esse termo se referia aos habitantes autóctones da Índia que foram subjugados pelo domínio dos árias.
Cap. IX:12; Cap. X:23; Cap. XI:36; Cap. XVII:4 (Comentário). Ver *Kubera* e *Yakshas.*

Rama – reverenciado como um avatar de Vishnu, em sua sétima reencarnação, que veio ao mundo para ser exemplo de harmonia, retidão e paz, entre outras virtudes. Foi um grande rei da Índia antiga.
Cap. I:20 (Comentário); Cap. X:31.

Ramayana – "a história da vida de Rama", o épico mais antigo da literatura sânscrita, talvez elaborado do século 5º a.C. ao 1º a.C., atribuído inicialmente ao lendário santo Valmiki. A obra contém cerca de 24 mil versos organizados em sete capítulos (*kanda*) e descreve a vida do virtuoso e íntegro Rama e sua esposa Sita, o rapto de Sita por Ravana – o então rei do Sri

Lanka –, a batalha com os demônios, o retorno a Ayodhya e, finalmente, sua morte e ascensão ao céu. As aventuras da história, descritas em traços amplos e dramáticos, e seus muitos personagens marcantes fizeram dela, ao lado do *Mahabhârata*, a fonte mais importante para todos os gêneros da literatura indiana.
Cap. I:20 (Comentário).

Rig, Rk, Rg Veda – um dos quatro Vedas, são os hinos, os poemas.
Cap. II:42 (Comentário); Cap. IX:17; Cap. X:35 (Comentário); Cap. XI:41 (Comentário). Ver *Vedas.*

Rishis – os sábios, santos, videntes e poetas inspirados. Com uma natureza divina, diz-se que houve sete grandes Rishis (Saptarishis), entre outros, a quem foram revelados os *Vedas* e que passaram a propagar essa sabedoria. Segundo Yogananda, "os sete grandes sábios representam os sete poderes principais da vida e da percepção que vêm do macrocosmos (a luz da energia cósmica criativa) e do microcosmos (a luz espiritual no ser humano)". Alguns desses poderes são: a sabedoria, a intuição, o comunicar-se com árvores, com animais, a telepatia, o enviar energia benéfica a outrem, o enxergar mais além do visível.
Cap. V:25; Cap. X:2, 6, 13, 25, 26 (Comentário); Cap. XI:15, 21; Cap. XIII:4.

Rudras – um dos aspectos do deus Shiva, como deus dos trovões e das tempestades, que destrói o que está deteriorado e corrompido. Uma flor ou um fruto já deteriorado traz a semente que é fonte da nova vida. Rudra é uma divindade ao mesmo tempo benéfica e maléfica, curadora e destruidora. Às vezes, Rudra é a divindade destrutiva que traz doenças aos seres humanos e ao gado; outras vezes, ele é o deus das bênçãos abundantes, que ajudam e curam. Alguns autores dizem que, na *Bhagavad Gita*, *rudras* representam aspectos de Shiva como sabedoria, bondade, valor, poder, justiça, verdade e outros.
Cap. X:23; Cap. XI:6, 22.

Sacrifício – vem de *sacro-ofício*, o sagrado fazer, o tornar sagrado um ato.
Cap. III:9-15; Cap. IV:12, 23-25, 28-33; Cap. V:29; Cap. VII:30; Cap. VIII:1 (Comentário), 2, 4, 28; Cap. IX:15, 16, 20, 24, 27, 34; Cap. X:22, 25, 28 (Comentário), 35 (Comentário); Cap. XI:48, 53; Cap. XVI:1, 15, 17; Cap. XVII:1, 7, 11-13, 23-25, 27, 28; Cap. XVIII:3, 5, 65, 70. Ver *Adhiyajna* e *Yajna.*

Sadhyas – os espíritos do Céu. Eles são, por assim dizer, os intermediários divinos que transmitem as orações dos devotos ao Supremo a quem foram criados e, portanto, realizam os desejos nutridos pelos devotos.
Cap. XI:22.

Sahadeva e Nakula – os dois últimos irmãos Pandavas, foram gerados por Madri (segunda esposa de Pandu), tendo por ascendência divina os gêmeos Ashvins. Sahadeva = "que tem deus consigo"; Nakula = "sem família".
Cap. I:1, 16.

Sama Veda – um dos quatro Vedas, são os cânticos, a coleção de hinos litúrgicos para ser cantados pelos sacerdotes nos sacrifícios.
Cap. II:42 (Comentário); Cap. IX:17; Cap. X:22, 35. Ver *Vedas.*

Samadhi – estabelecer, tornar firme. Um estado de consciência que vai além da vigília, do sonho e do sono profundo, e no qual a atividade mental cessa. É uma absorção total no objeto de meditação. Se esse objeto é Deus ou o Absoluto, o resultado é a união. Existem vários estágios de *samadhi*, dos quais os mais elevados são: 1. *savikalpa-samadhi*, estado de consciência em que se conhece a Deus ou Brahman, mas se permanece em uma relação sujeito-objeto com ele; 2. *nirvikalpa-samadhi*, o estado de consciência mais elevado e transcendente, a realização do conceito "Eu sou Brahman", em que não há mais dualidade nem relação sujeito-objeto. Há a união, fusão, absorção do Eu em Deus ou Brahman, tornando-se um com Ele.
Cap. II:53.

Samkhya e Yoga (Samkhya Yoga) – na *Bhagavad Gita*, Samkhya não significa o sistema ou escola de filosofia de mesmo nome, nem Yoga se refere à escola de Patanjali. Samkhya aqui é o conhecimento do dualismo entre *purusha* (o espírito) e *prakriti* (a matéria), e a realidade do Ser supremo, o Absoluto, que transcende esse dualismo. Samkhya tem o conhecimento intuitivo do Ser, é o *yoga* do conhecimento, e Yoga é o caminho posto em prática para chegar a esse conhecimento intuitivo do ser, é o *yoga* da ação (Karma Yoga).
Cap. II:39; Cap. V:4; Cap. X:26; Cap. XIII:24; Cap. XVIII:13, 19.

Samsara – o ciclo contínuo de nascimentos, mortes e renascimentos a que os seres estão sujeitos enquanto vivem na ignorância e ainda não perceberam sua identidade com Brahman, o Absoluto, o Supremo, a dimensão essencial dos seres, a plena realização e liberação.
Cap. II:72 (Comentário); Cap. V:24; Cap. IX:3 (Comentário), 21 (Comentário); Cap. XII:7 (Comentário).

Sanjaya – cocheiro de Dhritarashtra, que lhe relata os acontecimentos da guerra. Ele recebeu de Vyasa, grande sábio e autor da *Gita*, o poder da visão e da audição a distância. Representa aquele que venceu apegos e repulsas, portanto, tem condições de fazer um relato imparcial.
Caps. 1:1, 2, 19, 24, 47; Cap. II:1, 9; Cap. XI:9, 35, 49; Cap. XVIII:74.

Sankalpa – propósito, intenção, desejo, ideia, vontade, resolução. Na prática, *sankalpa* é compreendido como uma resolução, um propósito interior positivo, no sentido de exercitar uma virtude que irá aprimorar a vida do praticante.
Cap. VI:2, 25 (Comentário).

Sannyasa (Samnyasa) – "renúncia". O quarto e último estágio da vida (*ashrama*), a mais alta fase, em que o praticante abandona todas as coisas mundanas e todos os interesses egoístas. Seu esforço é para chegar a *moksha* (liberação) e à união com Deus. Aquele que tem a sabedoria espiritual e renuncia aos desejos e apegos do mundo para realizar Deus torna-se sannyasin.
Ashrama é o sistema de quatro estágios da vida pelo qual os seres humanos deveriam passar durante sua vida. O primeiro estágio é *brahmacharya*, a fase de educação religiosa, que começa em torno dos 6 anos de idade. O segundo é *grihastha*, em que os homens constituem família, têm filhos e cumprem seus deveres sociais. O terceiro estágio é *vanaprastha*, a vida na floresta ou em uma comunidade espiritual, a vida de eremita, que acontece depois de eles terem completado seus deveres com a família, quando os filhos já são independentes e autossuficientes. O quarto estágio é *sannyasa*, quando já há renúncia da vida material e o praticante passa a andar pela Índia ou outros países, sem residência fixa, alimenta-se do que lhe é oferecido, ensina a quem quiser sobre sua experiência de vida e mantém o foco na liberação espiritual.
Cap. V:1; Cap. VI:1,2 (Comentário); Cap. XVIII:1, 2. Ver *Sannyasin* e *Brahmacharya.*

Sannyasin (Samnyasin) – aquele que renunciou aos desejos e apegos ao mundo para realizar *moksha* (liberação) e vive sem posses de qualquer espécie, não só livre de posses materiais, mas, inclusive, liberto de noções dualistas como bom e mau, desejo e repulsa, medo e avidez. No entanto, ele age sempre que sua ação seja necessária ao mundo.
Cap. V:3; Cap. VI:1 (Comentário); Cap. XVIII:1 (Comentário).

Santosha – contentamento. *Ver* Tapas.

Sat e Asat – real e irreal. Sat é o real, eterno, absoluto, Ser imutável. É aquilo que, frente a todas as mudanças do mundo, sempre existe e se mantém o mesmo em todos os períodos de tempo – passado, presente e futuro. Todas as realidades relativas têm o mesmo *substratum*, que é Sat, a realidade absoluta. Asat é o irreal, o não ser, a não existência. Chamado de base do mundo material, é aquilo que muda continuamente, como o corpo e as demais formas transitórias da matéria, bem como nossos sentimentos, ideias e ações.
Cap. II:16; Cap. XIII:12 (Comentário); Cap. XVII:23, 26-28.

Sattva – uma das três qualidades inseparáveis da natureza (*gunas*): *sattva*, a harmonia, o equilíbrio, o positivo; *rajas*, a atividade, o dinamismo, o passional; e *tamas*, a inatividade, a inércia, o passivo.
Cap. II: 45; Cap. III:5 (Comentário); Cap. IV:13 (Comentário); Cap. VII:12 (Comentário); Cap. XIV:5, 6, 9, 10, 11, 14, 17, 18, 22 (Comentário); Cap. XVII:1, 2, 4 (Comentário); Cap. XVIII:10. Ver *Gunas.*

Satyaki – "verdadeiro, verídico". Filho ou descendente de Satyaka; nome patronímico de Yuyudhana.
Cap. I:4, 17.

Semideuses – *ver* Yakshas.

Sentidos – *ver* Karmendriyas *e* Jnanendriyas.

Shaibya – rei da tribo Shibi.
Cap. I:5.

Shankara – um dos epítetos do deus Shiva, no sentido de chefe dos Rudras.
Cap. X:23. Ver *Rudra, Shiva, Brahma.*

Shankaracharya – Originário do Estado do Kerala, na Índia, foi um grande mestre espiritual, teólogo e metafísico que viveu de 788 d.C. a 820 d.C. Ele ampliou o hinduísmo ao formular a doutrina da Vedanta Advaita, ou seja, a Vedanta não dualista.
Cap. II:29 (Comentário); Cap. IV:6 (Comentário); Cap. VIII:3 (Comentário); Cap. XI:54 (Comentário); Cap. XV:7 (Comentário).

Shashanka – a Lua. Literalmente, a palavra significa "a marca da lebre", indicando o formato da lebre delineado na face da Lua.
Cap. XI:39.

Shastras (Sastras) – textos religiosos de instrução e de lei, como os *Vedas*.
Cap. VI:12 (Comentário).

Shaucha – limpeza, pureza. *Ver* Tapas.

Shikhandi – comandante de 11 mil arqueiros. A flecha que finalmente derrubou Bhishma veio dele.
Cap. I:17.

Shiva – o deus que renova, restabelece o essencial no Universo e destrói o que está deteriorado e corrompido. Com sua esposa Parvati, Shiva é pai de Ganesha, deus da sabedoria, e Karttikeya (Skanda), deus dos guerreiros. Shiva tem enroscado em seu corpo a serpente Vasuki, que simboliza a compaixão que o deus tem por todos os seres, até os mais repudiados, como o são as cobras em geral.
Cap. III:15 (Comentário); Cap. X:23, 24 (Comentário), 28 (Comentário); Cap. XI:6 (Comentário). Ver *Brahma* e *Vasuki.*

Shraddha – fé. Este conceito é muito importante nessa tradição. Fé é a atitude interna de acreditar nos ensinamentos sagrados por convicção, fruto de sabedoria e experiência. Não é um simples acreditar ou aceitar o que os outros afirmam, e sim a certeza que vem da experiência direta com os ensinamentos.
Cap. IV:39 (Comentário); Cap. IX:3 (Comentário); Cap. XII:2 (Comentário), 20.

Shudras – uma das quatro castas (*varnas*) do sistema social hindu. São os que têm natureza para trabalhar como operários ou servidores.
Cap. I:41 (Comentário); Cap. IX:32; Cap. XVIII:41, 44. Ver *Castas.*

Siddhas – perfeito, completo, seres humanos sábios, ascetas videntes que atingiram o objetivo supremo da aspiração espiritual, que é a liberação (*moksha*). Nos *Puranas* (antigas narrativas), é considerado um ser semidivino de grande pureza e poder.
Cap. XI:21, 22, 36.

Skanda – deus da guerra, que desafia o ignorante a lutar e fornece aos buscadores espirituais a força para o seu desenvolvimento. Representa o autocontrole dos sentidos. Skanda também tem o nome Karttikeya e é filho dos deuses Shiva e Parvati e irmão de Ganesha, o deus da sabedoria.
Cap. X:24.

Soma – uma planta trepadeira que, ao ser macerada e preparada como uma bebida, torna-se um néctar oferecido aos deuses e ingerido pelos brâmanes em rituais, gerando um grande bem-estar. É chamado de "o vinho da imortalidade". Soma também é a divindade Lua (tal como Chandra), que representa o tempo cíclico, as mudanças no Universo e sua condição de impermanência (as fases da Lua), bem como símbolo de beleza e renovação, associada à cura e à saúde.
Cap. IX:20; Cap. X:23 (Comentário); Cap. XI:6 (Comentário).

Somadatta – rei de Bahikas (Punjab), é o pai de Somadatti.
Cap. I:8.

Somadatti – filho de Somadatta, rei de Bahikas (Punjab).
Cap. I:8 (Comentário).

Subhadra – "muito propício". Irmã mais jovem de Krishna, esposa de Arjuna e mãe de Abhimanyu.
Cap. I:6, 18

Surya – o Sol, o deus do Sol. Ele habita os céus e é um dos deuses mais venerados nos *Vedas*, por ser grande fonte de luz e calor.

Cap. I:8 (Comentário), 16 (Comentário); Cap. XI:26 (Comentário)

Svadha – oferenda de alimento aos antepassados.
Cap. IX:16.

Svadharma – o próprio dever (*sva* = próprio; *dharma* = lei, dever). É a própria lei interna, que regula nossos pensamentos e atos e que está em harmonia com a lei divina; é nascer no lugar que lhe compete e pensar e agir naquilo que é próprio de sua lei interior; é agir conforme os ditames de sua verdadeira natureza. Essa é a única maneira de viver em paz e com contentamento. A palavra *dharma* sempre implica benefício aos outros. No conceito de *svadharma* não há desejo pessoal.
Cap. III:35 (Comentário).

Svadhyaya – estudo das Escrituras Sagradas. *Ver* Tapas.

Svarga (Swarga) – o Céu, mundo de luz, de pensamentos e de sentimentos puros, onde os bons vivem antes de sua próxima encarnação. No ser humano, é o estado de pura consciência.
Cap. I:35 (Comentário); Cap. III:22 (Comentário).

Tamas – uma das três qualidades inseparáveis da natureza (*gunas*). A inatividade, a inércia, o passivo.
Cap. II:45 (Comentário); Cap. III:5 (Comentário); Cap. IV:13 (Comentário); Cap. VII:12 (Comentário); Cap. IX:12 (Comentário); Cap. XIV:5, 8-10, 13, 15, 17, 18, 22 (Comentário); Cap. XVII:1, 2. Ver *Gunas.*

Tapas (austeridade) – são exercícios espirituais intensos, movidos por força de vontade e autodisciplina para atingir o objetivo de realizar a Deus. É uma das cinco virtudes promovidas no segundo passo (*niyama*) dos oito passos do Ashtanga, contido nos *Yoga Sutras* de Patanjali. Os outros quatro são: *shaucha* (limpeza, pureza); *santosha* (contentamento); *svadhyaya* (estudo das Escrituras Sagradas); e *ishvara-pranidhana* (devoção a Deus).
Cap. XVII:14.

Tat – *ver* Aum Tat Sat.

Tattvas – os 25 princípios fundamentais do conhecimento Samkhya que constituem o ser: os cinco grandes elementos (terra, água, fogo, ar e éter ou espaço); o ego; o intelecto; a matéria primordial (*prakriti*); os dez sentidos (cinco órgãos dos sentidos da percepção: visão, audição, olfato, paladar e tato; cinco órgãos dos sentidos da ação: fala, locomoção, ato de segurar, evacuação e procriação); a mente; os cinco objetos dos sentidos (olhos, ouvidos, nariz, língua e pele); mais o espírito (*purusha*).
Cap. XIII:6 (Comentário).

Titãs (Daityas) – mitologicamente, são demônios e gigantes que brigam com os deuses. São os opostos dos Adityas, os deuses ou forças divinas elevadas.
Cap. X:30.

Três Mundos (Triloka) – os três mundos ou esferas da cosmologia hindu são o Céu (*Svarga*), a Terra (*Bhumi*) e o submundo, o Inferno (*Patala*). Para alguns comentadores, os Três Mundos são: o mundo físico, o mundo vital e o mundo mental.
Cap. I:35 (Comentário); Cap. III:22 (Comentário); Cap. XI:20 (Comentário); Cap. XV:17 (Comentário). Ver *Svarga, Bhumi* e *Patala.*

Triloka – *ver* Três Mundos.

Trimurti – *ver* Brahma.

Tyaga – desistir. Renúncia, abnegação, desprendimento, ação não egoísta que não visa a frutos nem resultados; princípio básico do Karma Yoga. No 18º capítulo da *Bhagavad Gita,* Krishna explica a Arjuna o que é a verdadeira renúncia. Quem a pratica é chamado de *tyagin.*
Cap. V:1 (Comentário); Cap. XVIII:1, 2, 4.

Ucchaisravas – o legendário rei dos cavalos, um cavalo voador com sete cabeças que surgiu durante a agitação do Oceano Lácteo, quando deuses e demônios agitavam o mar para recuperar o néctar da imortalidade que havia sido perdido. Considerado o melhor dos cavalos, frequentemente é descrito como um veículo (*vahana*) de Surya, o deus-sol, mas também é registrado como sendo o cavalo de Bali, o rei dos Asuras (demônios). Sua cor é como o branco da neve.
Cap. X:27.

Ushana – segundo Yogananda, é um poeta e sábio antigo com grandes poderes, incluindo o de ressuscitar.
Cap. X:37.

Ushmapas – "aqueles que absorvem calor". São um tipo de gênios que alcançaram uma condição sobre-humana e se alimentam do vapor, enquanto ele está quente.
Cap. XI:22.

Uttamaujas – o que tem extrema força.
Cap. I:6.

Vada – o argumento lógico cuja técnica de debate busca diretamente a verdade.
Cap. X:32.

Vaishvanara – o fogo da vida ou o calor da vida, o calor da digestão. É a manifestação do Supremo como o princípio vital nos seres.
Cap. XV:14.

Vaishyas – uma das quatro castas (*varnas*) do sistema social hindu. Representam os agricultores e comerciantes que provêm a sobrevivência básica e lidam com a honestidade.
Cap. I:41 (Comentário); Cap. IX:32; Cap. XVIII:41, 44. Ver *Castas.*

Vajra – o cetro mítico de diamantes, como um raio, usado por Indra (deus do firmamento) para que ilumine com força insuperável e torne indestrutível a essência espiritual.
Cap. X:28.

Varnas – *ver* Castas.

Varuna – é o deus dos oceanos e rios e uma das deidades védicas mais antigas. Nos *Vedas*, é exaltado como um deus acima das outras divindades.
Cap. X:29, 31 (Comentário); Cap. XI:39.

Vasava – um dos nomes de Indra, deus do firmamento.
Cap. X:22.

Vasuki – o grande rei das serpentes, que vive em Patala, uma região do submundo. Os deuses e os Asuras usaram o corpo de Vasuki para rodear o Monte Mandara, que foi usado como eixo de giro durante o batimento do Oceano Lácteo. Também é a serpente envolta no corpo do deus Shiva, simbolizando a compaixão que esse deus tem por todos os seres, até os mais repudiados, como o são as cobras em geral. As serpentes são símbolo da eternidade e da sabedoria oculta. Nesse sentido, no campo do microcosmos, representa no ser humano o despertar de *kundalini*, a corrente "serpente", que sobe pela coluna vertebral e leva a força suprema da liberação humana.
Cap. X:28.

Vasus – os Senhores das Estações, grupo de oito deidades que acompanham Indra e são seus servos. Personificam a natureza, com os nomes: Apas (Água), Dhruva (a Estrela do Norte), Soma (Lua), Ohara (Terra), Anila (Vento), Anala (Fogo), Prabhasa (Luz) e Pratyiisha (Amanhecer).
Cap. X:23; Cap. XI:6, 22. Ver *Indra.*

Vayu – O elemento ar, o vento, o deus dos ventos. Ele tinha uma relação especial com Agni (deus do fogo), cujo lugar é a terra, e com o deus Surya (o Sol), que fica nos céus. Nos *Vedas*, poucos versos são dedicados a ele. Seus epítetos são: "portador de fragrâncias" e "o que se move eternamente".
Cap. I:4 (Comentário); Cap. VII:4 (Comentário); Cap. XI:39.

Vedanta – "o fim dos *Vedas*" ou a coroa, a essência dos *Vedas*. Uma das filosofias da Índia baseada nos *Vedas*, que tem como princípio o autoconhecimento e a autorrealização. É considerada a base filosófica do hinduísmo. *Cap. VIII:6 (Comentário); Cap. X:13 (Comentário); Cap. XIII: 4 (Comentário); Cap. XV:15; Cap. XVIII:13 (Comentário).*

Vedas – as escrituras sagradas mais antigas da Índia, cuja datação aproximada é dos anos 2000 a.C. Compostos de quatro coletâneas em forma de hinos e versos dedicados, por um lado, a diversas divindades e cantados em vários rituais e, por outro, dedicados ao conhecimento do Eu real, a dimensão essencial dos seres, que leva ao estado de realização e liberação interior. Eram saberes descritos em poesia e canto, um modo bem interessante de estudo e prática. As quatro coletâneas são: *Rig Veda*, os hinos, os poemas; *Sama Veda*, os cânticos, a coleção de hinos litúrgicos para ser cantados pelos sacerdotes nos sacrifícios; *Yajur Veda*, a liturgia, os textos sacrificiais; e *Atharva Veda*, os encantamentos, as fórmulas mágicas, as cerimônias místicas.
Cap. II:42, 45, 46; Cap. IV:32; Cap. V:25 (Comentário); Cap. 7:8; Cap. VIII:11, 28; Cap. IX:17, 20, 21, 30 (Comentário); Cap. X:6, 13 (Comentário), 22, 24, 29 (Comentário), 35; Cap. XI:48, 53; Cap. XIII: 4 (Comentário); Cap. XV:1, 15, 18; Cap. XVII:23.

Vijnana – "sabedoria", consciência. O mais alto estado de realização espiritual, em que a alma iluminada vivencia que tudo no Universo é manifestação de *Brahman*, a realidade última.
Cap. VII:2 (Comentário).

Vikarna – terceiro dos cem filhos de Dhritarashtra.
Cap. I:8.

Virata – "sem reino", "sem soberania". Rei de Matsya, região onde os Pandavas viveram o 13º ano de seu exílio. Foi pai de Uttarâ, que se casou com Abhimanyu, filho de Arjuna.
Cap. I:4, 17.

Vishvas (Vishvedevas) – "todos os deuses", "todos os deuses juntos". Na *Bhagavad Gita*, refere-se a um grupo de dez deuses menores que têm qualidades como verdade, determinação, firmeza, paciência.
Cap. XI:22.

Vivasvan – deus Sol.
Cap. IV:1.

Vrikodara – O que tem abdome de lobo, epíteto de Bhima que mostra ser ele capaz de digerir muito alimento, o que o tornava muito forte.
Cap. I:15.

Vrishnis (descendentes de Vrishni) – nome de um clã de príncipes descendentes de Vrishni, o filho do legendário rei Yadu, do povo Yadava.
Cap. X:37.

Vyasa – o nome de muitos autores de obras sânscritas. Com o nome Vyasa tem-se o compilador e organizador dos *Vedas*, o autor do *Mahabhârata* e da *Bhagavad Gita*, o fundador do sistema Vedanta e o compilador dos *Puranas*. Seu nome carrega a referência da imortalidade dos seus trabalhos. Acredita-se que, conectado com a consciência cósmica, a *Bhagavad Gita* lhe tenha sido revelada.
Cap. X:13, 37; Cap. XVIII:75.

Yajna – da raiz *yaj* = venerar. *Yajna* significa sacrifício, no sentido de *sacro-ofício*, ação sagrada, oferenda. Todas as ações devem ser praticadas como sacrifício. Ele é uma parte importante da experiência espiritual e um meio para a liberação (*moksha*). A ação sagrada está manifestada no Universo como o Sol que ilumina, a Lua em ação com a Terra, a Terra germinando vidas, o mar pulsando. Todo o poder cósmico do mundo e a função da natureza fenomênica agem instintivamente a serviço de tudo e de todos.
Cap. III:9; Cap. IV:23, 24 (Comentário); Cap. IX:16; Cap. X:25; Cap. XVII:11 (Comentário); Cap. XVIII:70.

Yajur Veda – um dos quatro Vedas, são a liturgia, os textos sacrificiais.
Cap. II:42 (Comentário); Cap. IX:17. Ver *Vedas.*

Yakshas – um tipo de semideuses, servos de Kubera, o deus da riqueza. Eles não têm características especiais, não são violentos como os Rakshasas e são chamados de bons seres.
Cap. X:23; Cap. XI:22; Cap. XVII:4 (Comentário). Ver *Rakshasas.*

Yama – nos *Vedas*, é o deus da morte, a deidade que guia as almas corpóreas dos seres humanos, após a morte, para as regiões de luz ou de trevas, de acordo com o *karma*. Yama é também o deus da justiça. Literalmente, *yama* significa autocontrole, uma das virtudes éticas a ser praticadas.
Cap. X:29; Cap. XI:39.

Yamas – disciplinas éticas de autocontrole que consistem na continência do pensamento, da palavra e da ação. Os *yamas* são: não violência (*ahimsa*),

verdade (*satya*), não roubar (*asteya*), moderação da sensualidade (*brahmacharya*) e desapego (*aparigraha*). Os *yamas* compõem o primeiro dos oito passos do Ashtanga propostos nos *Yoga Sutras* de Patanjali.
Cap. VI:14 (Comentário). Ver *Raja Yoga* e *Patanjali.*

Yoga (Ioga) – conceito que se refere às tradicionais disciplinas físicas e mentais originárias da Índia. *Yoga* tem diversos significados e deriva da raiz *yuj*, que significa controlar, jungir ou unir. Algumas das traduções também incluem os significados de juntando, unindo, união, conjunção e meios. Segundo o *Glossário Teosófico*, *yoga* significa união e é usada no sistema de Patanjali para designar a confluência ou a harmonia do eu humano, inferior, com o Eu divino, superior, por intermédio da prática da meditação, que é como um meio condutor à liberação espiritual. Já os poderes psicoespirituais e os estados de êxtase conduzem à clara e correta percepção das verdades eternas, tanto do universo visível como do invisível. *Yoga* também é a ação livre de egoísmo, e cada ato é compreendido como manifestação do sagrado.
Cap. II:39, 48, 49, 50, 53; Cap. IV:1, 3, 13 (Comentário), 18 (Comentário), 27, 38, 41, 42; Cap. V:1, 4, 6; Cap. VI:2, 12, 23, 33, 41, 44; Cap. VII:1; Cap. VIII:10, 27; Cap. IX: 5, 22; Cap. X:7, 10, 17 (Comentário), 18; Cap. XI:4, 8, 9, 47; Cap. XII:1, 2; Cap. XIII:5 (Comentário), 10; Cap. XVI:1; Cap. XVIII:13 (Comentário), 33, 75, 78. Ver *Samkhya* e *Yoga.*

Yogarudha – aquele que atinge o *yoga*, ou seja, une-se com o Supremo.
Cap. VI:2 (Comentário).

Yoga Sutras de Patanjali – coleção de 196 sutras indianos sobre a teoria e a prática do *yoga*. Os *Yoga Sutras* foram compilados bem antes de 400 d.C. por Patanjali, que sintetizou e organizou o conhecimento sobre o *yoga* a partir de tradições mais antigas. Seus aforismos descrevem os meios e as práticas para o ser humano alcançar o autoconhecimento e realizar sua condição de felicidade. *Ver* Patanjali *e* Raja Yoga.

Yogi (Iogue) – aquele que pratica o *yoga* (união), que se esforça em perceber o divino nas suas ações diárias e age sem apego aos frutos das ações.
Cap. IV:18, 25; Cap. V:11, 23, 24; Cap. VI:1, 2, 8, 10, 15, 19, 21, 25, 27, 28, 31, 32, 42, 45-47; Cap. VIII:14, 23; Cap. XV:11; Cap. XVIII:16 (Comentário), 37.

Yogini – o termo feminino de *yogi*.

Yudhamanyu – "ardente na peleja".
Cap. I:6.

Yudhishthira – o primeiro dos irmãos Pandavas, foi gerado por Kunti, tendo por ascendência divina Dharma, o deus da justiça. Seu nome significa

"aquele que permanece imperturbável no campo de batalha", o que leva a entender que sua vitória estaria garantida. Ele é conhecido por seu senso de justiça e virtude.
Cap. I:16.

Yugas – eras ou idades do mundo. Referem-se às quatro idades do mundo, cujo tempo é contado em anos divinos, que devem ser multiplicados por 360 para se obter a soma dos anos humanos. Cada era cósmica começa com a "alvorada" e conclui com o "crepúsculo", de mesma duração. Em termos humanos, as eras mostram quanto de virtudes e nobres valores são vividos em cada idade. As quatro eras vivem os seguintes valores e diferentes durações em anos humanos: Krita ou Satya-Yuga, a idade de ouro, em que todas as ações (4/4) são virtuosas, dura 1.728.000 anos; Treta-Yuga, a idade de prata, em que 3/4 das ações são virtuosas e 1/4, não virtuosas, dura 1.296.000 anos; Dvapara-Yuga, a idade de bronze, em que 2/4 das ações são virtuosas e 2/4, não virtuosas, dura 864.000 anos; Kali-Yuga, a idade de ferro, em que 1/4 das ações são virtuosas e 3/4, não virtuosas, dura 432.000 anos. A somatória das quatro eras resulta em 4.320.000 anos humanos, ou 12 mil anos divinos, que são chamados de *maha-yugas*, ou "grandes eras". Mil *maha-yugas* são o mesmo que um dia na vida de Brahma, e outros mil *maha-yugas* são o mesmo que uma noite de Brahma. Um dia de Brahma recebe o nome sânscrito de *kalpa*, e uma noite de Brahma é outro *kalpa*. No dia de Brahma, todo o Universo se manifesta, e, na noite de Brahma, todo o Universo deixa de se manifestar, é reabsorvido. Um *kalpa*, um dia de Brahma, equivale a 4.320.000.000 de anos humanos.
Cap. VIII:17. Ver *Kalpa.*

Yukta – aquele que por meio da contemplação se une com o Supremo. Ele transcendeu o mundo da mente e do intelecto. Preenchido de pleno contentamento, nascido do contato com seu Eu imutável, ele vê com equanimidade todas as condições da vida.
Cap. VI:8 (Comentário), 18 (Comentário).

Yuyudhana (Satyaki) – o cocheiro de Krishna.
Cap. I:4, 17 (Comentário).

Fontes pesquisadas

Edições da Bhagavad Gita *(em ordem alfabética por autor)*

AUROBINDO, Shri. *La Bhagavad-Gita*. Paris: Éditions Albin Michel, 1970.

BHATIA, Vanraj. *The Bhagavad Gita*. Nova Déli: Living Media India, 1996 (Álbum, 13 faixas). Disponível em: https://open.spotify.com/intl-pt/album/150Rug2B7cmL2v6WauHVXB?autoplay=true. Acesso em: 29 jul. 2024.

CHINMAYANANDA, Swami. *The Bhagawad Geeta*. 13 V. Mumbai: Central Chinmaya Mission Trust, 1988.

DUARTE, Rogerio (Org.). *Bhagavad Gita* – Canção do divino mestre. São Paulo: Companhia das Letras, 1998.

DVAIPAYANA, Vyasa. *Bhagavad Gita* – A mensagem do mestre. Tradução: Francisco Valdomiro Lorenz. São Paulo: Pensamento, 1987.

EASWARAN, Eknath. *The Bhagavad Gita for daily living*. 3 V. Mumbai: Jaico, 2003.

FEUERSTEIN, Georg. *O Bhagavad Gita*. São Paulo: Pensamento, 2019.

GAMBHIRANANDA, Swami. *Bhagavad Gita*. Comentários de Sankaracharya. Calcutá: Advaita Ashrama, 1997.

GANDHI, Mohandas Karamchand. *The Bhagavadgita*. Nova Déli: Orient Paperbacks, 2001.

GANDHI, Mahatma. *Bhagavad-Gita segundo Gandhi*. 2. ed. Tradução: Norberto de Paula Lima. São Paulo: Ícone, 2008.

MASCARÓ, Juan. *The Bhagavad Gita*. Londres: Penguin, 1987.

PARAMANANDA, Swami. The Lord's song (the Bhagavad-Gita). In: LIN YUTANG. (Ed.) *The wisdom of China and India*. 7. ed. Nova York: Random House, 1942. p 54-114.

PRABHAVANANDA, Swami; ISHERWOOD, Christopher. *Bhagavad Gita* – A Canção do Senhor. Tradução: Thalysia Kleinert. São Paulo: Shakti, 1994.

PRABHUPADA, Bhaktivedanta Swami. *O Bhagavad-Gita como ele é*. Pindamonhangaba: The Bhaktivedanta Book Trust, 1976.

RADHAKRISHNAN, Sarvepalli. *The Bhagavad Gita*. Nova Déli: HarperCollins, 1998.

ROVIRALTA BORREL, José. *Bhagavad-Gita*. Rio de Janeiro: Editora Três, 1984.

SWARUPANANDA, Swami. *Srimad Bhagavad-Gita*. Calcutá: Advaita Ashrama, 2000.

VANAMALI. *Srimad Bhagavad Gita* – The Song Celestial. Nova Déli: Aryan Books International/Vanamali Gita Yogashram, 1997.

YOGANANDA, Paramhansa. *A essência do Bhagavad Gita*. São Paulo: Pensamento, 2007.

Outras pesquisas

BESANT, Annie. *Sugestões para o estudo do Bhagavad-Gita*. São Paulo: Pensamento, 1995.

BLAVATSKY, Helena P. *Glossário teosófico*. São Paulo: Ground, 2000.

BUCK, William. *Mahabhârata*. São Paulo: Pensamento, 1973.

CHINMAYANANDA, Swami. *The art of man making*. Mumbai: Central Chinmaya Mission Trust, 1988.

ENCYCLOPEDIA BRITANNICA. Disponível em: www.britannica.com.

FISHCER-SCHREIBER, Ingrid; SCHUHMACHER, Stephan; WOERNER, Gert (Eds.). *The encyclopedia of Eastern philosophy and religion* – A complete survey of the teachers, traditions, and literature of Asian wisdom. Boston: Shambhala, 1989.

SRINIVASACHARI, P.N. *The ethical philosophy of the Gita*. Madras: Sri Ramakrishna Math, 1986.

WIKIPEDIA. Disponível em: www.wikipedia.org.

Impressão: *Psi7*
Papel: *Pólen Bold 90gr.*
Tipologia: *Adobe Garamond Pro e ITC Garamond STD*
Tiragem: *500 exemplares*